Pequeño manual para un corazón roto

Aprende de tus errores en el amor

Vicente Herrera-Gayosso

D1455482

⊘PAX

EL LIBRO MUERE CUANDO LO FOTOCOPIAN

Título de la obra: *Pequeño manual para un corazón roto*

COORDINACIÓN EDITORIAL: Danú Hernández Jiménez
PORTADA: Víctor M. Santos Gally
DIAGRAMACIÓN: Ediámac

© 2014 Vicente Herrera-Gayosso
© 2017 Editorial Pax México, Librería Carlos Cesarman, S.A.
　　　　Av. Cuauhtémoc 1430
　　　　Col. Santa Cruz Atoyac
　　　　México DF 03310
　　　　Tel. 5605 7677
　　　　Fax 5605 7600
　　　　www.editorialpax.com

Primera edición en esta casa editorial
ISBN 978-607-9472-23-8
Reservados todos los derechos
Impreso en México / *Printed in Mexico*

Este libro es para Jasmín Tlapalamatl, "mi ella"

"Mi madre solía decir que el amor nunca se malgasta, aunque no te lo devuelvan en la misma medida que mereces o deseas.

Déjalo salir a raudales —decía—. Abre tu corazón y no tengas miedo de que te lo rompan. Los corazones rotos se curan. Los corazones protegidos acaban convertidos en piedra."

PENÉLOPE STOKES
(EL CAFÉ DE LOS CORAZONES ROTOS)

AGRADECIMIENTOS

Quiero agradecer de forma breve pero profunda a las personas que directa o indirectamente estuvieron involucradas en la gestación de este nuevo libro.

A mis entrañables amigos michoacanos Javier Enciso y Juan García por su apoyo y compañerismo.

A Celestino Carrera Félix, ejemplo de superación constante.

A Xeily Zárate, Roxana Andrade, Kristel Pineda, Yenún González, Elizabeth Seyde, Ana Morgado, Kira Bespalova, Elisa Briseño, Cintia Torres, Susana Olguín, Selene Castro, Cynthia Flores, Andrea Suárez, Luis Felipe Montoya y Luis José Sevilla por las enseñanzas aprendidas a través de ellos acerca del mal de amores.

A Mariane Bisson y a la Madre Leticia Cruz, así como a todas las personas de AFEECI (Adolescencia Feliz Evitando Callejerización Infantil, A.C.) por el trabajo tan bello que realizan ayudando a sus niños, y por haberme permitido vivir esa experiencia fundamental en mi vida.

Pero en especial gracias a ti mi paciente y a ti mi lector, porque este libro es tuyo.

ÍNDICE

PRÓLOGO

Parte de mi labor como tanatólogo implica evidentemente la atención a pacientes en pérdida, el trabajo de elaboración de duelo y el acompañamiento para su rehabilitación. Los dos motivos más frecuentes de consulta tanatológica son: la enfermedad o muerte de un ser querido en primer orden, y en segundo, la ruptura o separación de pareja sentimental por cualquier causa o razón. En esos momentos de profundo dolor y sufrimiento, las personas piensan o sienten que nunca se recuperarán del duro golpe, que jamás saldrán del agujero en el que han caído y que con extrema rabia y tristeza, genéricamente denominarán al problema "un mal", "una desgracia", "una maldición". Su psique herida tiene una lesión, está expuesta, duele y sangra, la metáfora del cuerpo emula la herida del alma, hay una marca, que como refiere Freud, "teniendo en cuenta la extraordinaria actividad sintética del Yo, creo que no podemos seguir hablando del trauma sin hablar al mismo tiempo de la cicatrización reactiva". Es real, es el Tako-Tsubo de los decepcionados, un soma.

Pero, ¿y después de la crisis qué sigue? Hay que entender el binomio PÉRDIDA-RECUPERACIÓN. Pareciera que ruptura y pérdida fueran el finisterre de toda existencia relacional, quien perdiconoce esa sensación, alimenta el vacío, siente apagarse su alma, extinguiendo el sentido de la vida amorosa aunque sigan viviendo, ya sea como víctimas o victimarios, o fantasmas de carne y hueso; negro castigo padece el rechazado amoroso, se autotortura física y emocionalmente, sobreviviente destinados a nunca ser feliz de nuevo, a no volver a amar, a no tener esperanza.

La otra parte del binomio, la RECUPERACIÓN, es todo un reto, pero se puede enfrentar entendiéndolo. Esta obra es la propuesta que nos ofrece Vicente Herrera-Gayosso, aborda y da continuidad al tema de resiliencia en la pareja, es decir: en el caso de separación amorosa, ya sea por ruptura o muerte, involuntaria o no, se logra encontrar una esperanza real de recuperación, de reconstruirse, de vislumbrar que si es posible "un adelante" por muy complicadas, dolorosas, difíciles o catastróficas que hayan sido las circunstancias de la pérdida o separación; cuando muchos "heridos de amor" erróneamente creen que no habrá jamás ya remedio para su mal o bálsamo para sanar la lesión de su corazón roto, que esto es un sello o un premio limitadamente disponible para algunos cuantos privilegiados, o bien, que la mejor adaptabilidad o flexibilidad al cambio fuera exclusivamente para jóvenes principiantes, almas prístinas con mucho futuro y que el amar de nuevo es una suerte de lotería de segunda mano, nada más lejos de esto que la verdad: todos, absolutamente todos, cada uno a su ritmo y con sus recursos personales, tenemos una alta probabilidad de generar las mismas oportunidades de sanar, e incluso salir fortalecidos tras la experiencia de una ruptura o pérdida amorosa, por difícil que parezca. Todo traumatizado está obligado a reconocer un cambio y dar sentido a su desgracia con el fin de volverla soportable, y esto, apenas es el inicio del camino; la meta entonces queda para reconstruir la funcionalidad extraviada y violentada con la separación del otro, mi otro y yo, entonces urgirá el tener que crear un nuevo normal con el que pueda seguir viviendo, ya sea amorosa e incluso gozosamente, si fuera posible. Más, como decían los antiguos guerreros: no se puede vencer al enemigo si no se le conoce. Justamente de esto se trata este libro de Vicente Herrera-Gayosso, de conocer y reconocer lo que se tiene que enfrentar: domesticar la fiera, ingrata daga del corazón maltrecho.

Con la aparición de la primera edición de su libro anterior, Supera tu divorcio ¡Ya!, comenté durante la presentación al público la amplia gama de conocimientos, la calidad de contenidos y su original manera tan ágil y dinámica de transmitir un mensaje claro, objetivo y esperanzador, que sin duda fue lo que cautivó a los lectores. No en vano la edición de su libro se difundiría con bastante aceptación en los ámbitos de la psicología, el desarrollo humano, la superación personal y la tanatología.

Con el tiempo, el trato entre Vicente y yo trascendió no solo en la mutua colaboración profesional, sino que se estrechó en lazos que se transformaron en amistad, pero ciertamente la constante común entre nosotros es: aportar a las personas en pérdida o separación, herramientas fehacientes y efectivas que ayuden a facilitar la toma de conciencia de su problemática lo más rápido posible, con el menor sufrimiento, desgaste innecesario o daño emocional. Actualmente los diversos materiales de Herrea-Gayosso, son un elemento básico para mis sugerencias en el consultorio. En contraparte, hay una generalizada respuesta de gratitud de los pacientes por contar con recursos orientativos confiables que le guían al encuentro de soluciones reales.

La presente edición que ahora el lector tiene en sus manos, ofrece una justa y ordenada selección de espejos en los que seguramente en algunos de ellos, el lector podrá verse reflejado, y entonces descubrirá, con mayor claridad, una oportunidad de analizar y comprender en cada capítulo. Esta obra es un pequeño manual para un corazón que quiere sanar, un muy buen manual para intentar esa recuperación.

Deseo para quien comienza la lectura que le acompañe y le ayude a establecer estrategias útiles, sanas y creativas hacia posibilidades alentadoras.

Será bueno no olvidar que la pérdida es inevitable, cada cosa que amas es muy probable que la pierdas, pero al final, el amor volverá de una forma diferente, ya que amar también es inevitable.

JAVIER ENCISO ALVARADO
PRESIDENTE DE ALIENTA
(ALIANZA INTEGRAL DE ENSEÑANZA TANATOLÓGICA)
MORELIA MICHOACÁN.

INTRODUCCIÓN

De 1991 a 2001 se detectó en Japón una serie de casos clínicos que llevaron al descubrimiento de una patología sumamente intrigante, una afección cardíaca poseedora de características muy curiosas: el síndrome de Tako-Tsubo. La sintomatología de este nuevo trastorno era enigmática, ya que consistía en un repentino dolor torácico, ahogo súbito que los pacientes describían como tener "el pecho inundado", lagrimeo constante, una sensación de debilitamiento y de angustia abrumadora, todo esto parecido a las señales de un inminente infarto. Al dar un vistazo más de cerca al corazón de los afectados, los médicos pudieron percibir algo extraordinario: al menos uno de sus ventrículos se había *deformado* de manera tal que había adquirido un gran parecido a una vasija Tako-Tsubo, herramienta usada por los pescadores japoneses para atrapar pulpos. Sin embargo, lo que resultaba increíblemente desconcertante para los investigadores era que cuando se hacían las pruebas pertinentes, se confirmaba caso tras caso que los pacientes tenían un historial de escasas o nulas patologías cardíacas; al menos la mitad eran no fumadores; se encontraban en un estado físico de aceptable a muy bueno; prácticamente ninguno poseía las arterias tapadas, —lo que constituye casi una regla para un infarto— y, tal vez lo más desconcertante, después de los primeros tratamientos los afectados dejaban los síntomas atrás de manera espontánea, casi como si nunca los hubieran padecido y eran dados de alta rápidamente del hospital, con apenas la necesidad de unos pocos cuidados.

Lo anterior por sí solo ya resultaba muy interesante, pero fueron estas dos últimas particularidades las que terminaron por darle profundidad al enigma: en primer lugar se observó que entre los principales factores desencadenantes —y que eran compartidos por todos los pacientes—, se encontraba el hecho de haber sufrido recientemente una decepción o pena muy grande; en algunos casos era la muerte de un ser querido, en otros, una pérdida económica, y en la mayoría, una ruptura amorosa. Es decir, los afectados habían estado recientemente bajo *un estrés inusual y muy intenso a nivel emocional.*

La segunda cosa que llamó la atención de los doctores era que cerca del 85% de los pacientes eran mujeres. Llegó a tal grado el desconcierto de los investigadores que no atinaban a descubrir a qué se estaban enfrentando, que en un artículo publicado en 1998, uno de ellos, el doctor Haim Brandspiegel, se refirió a esta serie de ficticios ataques coronarios simplemente con el poético nombre de "Síndrome del corazón roto".* Aunque actualmente el conocimiento sobre el síndrome de Tako-Tsubo ha avanzado mucho y se han descubierto nuevos aspectos acerca de él, el detonante sigue siendo el mismo: un estado emocional alterado provocado por algún factor externo, por lo regular sumamente aflictivo.

En vista de lo anterior, surge una pregunta: ¿realmente se puede tener fisiológicamente afectado el corazón por una pena? ¿Se puede tener el "corazón roto"? La respuesta bien podría ser sí o, al menos, clínicamente posible. Y si es médicamente viable tener el *corazón roto* por la pena, entonces el siguiente cuestionamiento tendría que ser: ¿se puede enfermar el corazón como producto de una mala relación amorosa? Si bien no es del aspecto clínico del que trata este libro, sino del aspecto emocio-

---

* Esta referencia apareció por primera vez en: Brandspiegel H.Z., Marinchak, R.A., Rials, S.J. y Kowey, P.R. "A broken heart". *Circulation*. 1998; 98, 1349.

nal, la cuestión médica es un importante antecedente para el abordaje de la perspectiva que se plantea a lo largo de este libro.

Mucho tiempo ha pasado desde que los trovadores de la Edad Media, allá por el siglo XI, durante la época de las Cruzadas, establecieron las bases de lo que aún hoy en día sigue permeando nuestra concepción de las relaciones de pareja: *el ideal del amor romántico*. Los poetas enaltecían el vínculo desbordante de pasión entre un valeroso caballero y una dulce doncella, en donde pese a todos los obstáculos por enfrentar, su amor terminaría triunfando y ellos serían felices "para siempre". Fue así como se estableció, por primera vez, la conexión directa entre amor de pareja y felicidad. Muchas personas saben esto, desde luego, pero lo que ignoran casi todas es que esa idea surgió de la concepción de un amorío ilícito entre "la señora de la casa" y el caballero que se había quedado para asegurar su protección, mientras el esposo de la damisela combatía contra los infieles al cristianismo en el lejano Medio Oriente. Es decir, nuestra idea actual sobre la que descansa lo que llamamos amor romántico proviene, en esencia, de una relación adúltera, que en el mejor de los casos no iba a terminar bien para uno de los integrantes. Desde su misma concepción pues, hay un problema.

Y es en esto en donde radica, en gran parte, la génesis del sufrimiento amoroso, del corazón roto o de cómo deseemos llamar al estado en que nos hallamos cuando nos involucramos en una relación de pareja que nos hace daño. La creencia de que tener una relación y, en el mejor caso, amar, debe ser igual a vivir una pasión desbordada casi inalcanzable o "prohibida", equivale a empeñarse en permanecer en una "época de oscurantismo emocional". Porque si bien es cierto que *en ocasiones,* en este tipo de relaciones, como las que se evocan en la literatura, los amantes pueden terminar juntos, la realidad es que padecer el amor y pensar que así es como tiene que ser para poder vivirlo intensamente, no solo es una equivocación, sino un atentado en contra de nuestra dignidad como persona.

Entonces, ¿por qué muchos se empeñan en sufrir, ya no se diga la separación amorosa, sino también la experiencia en sí? ¿Cuál es la razón por la que nos aferramos a relaciones tortuosas con individuos que claramente no nos convienen y a quienes les permitimos pasar por encima de nosotros, de nuestros deseos y anhelos? ¿Por qué seguimos encontrando hasta placentero caer en lo que claramente no nos está funcionando? Este libro ofrece un panorama esclarecedor con reflexiones que abren estas y otras preguntas. Lo he escrito con la confianza de que por medio de sus páginas puedas poner en marcha estrategias efectivas para que dejes de sufrir por amor.

La primera parte de esta obra la he denominado **Adquiriendo un nuevo conocimiento.** Podrás hallar las respuestas a estas preguntas: *qué* son los mecanismos del amor, *cómo* es que nuestra mente trabaja con respecto a las creencias de lo que debería ser el amor; *cuáles* tipos de amores tóxicos que existen y *por qué* es necesario reconsiderar nuestras relaciones si es que intuimos que algo no está bien.

La segunda mitad de este libro ha recibido el nombre de **Identificando patrones.** En esta desarrollarás la capacidad de identificar las características de ocho factores que provocan inadecuadas relaciones amorosas y nos acercan rápidamente al mal de amores. Estos elementos están presentes en todos nosotros, en mayor o en menor medida, pero su inadecuado entendimiento nos impide relacionarnos funcionalmente con nuestra pareja.

Identificar dichos factores no solo es importante, es vital para las personas que sufren por amor, ya que reconocerlos puede ayudarte a construir una defensa sólida contra una mala relación romántica, ya sea actual o futura. En esta segunda parte también encontrarás, al final de cada capítulo, una "tabla-radar" que te ayudará a reafirmar tu nuevo aprendizaje, así como un resumen de los cinco aspectos más importantes que necesitas recordar constantemente.

La recomendación que te hago es que leas las dos partes en orden para que puedas ir hilvanando una idea con otra, de una mejor manera. Sin embargo, los capítulos pueden leerse también de forma separada y aleatoria, particularmente en la segunda parte.

También te advierto que es posible que algunas ideas aquí vertidas te suenen poco familiares, e incluso creas que están equivocadas y que no aplican en tu caso, eso es muy bueno ya que significa que tu capacidad de análisis está en funcionamiento; si eso te sucede sugiero que tomes lo que creas útil para ti en estos momentos y lo demás déjalo para después. Pero pase lo que pase te pido que no dejes de leer.

Recuerda que si has decidido adquirir este libro es porque, esencialmente, te has confesado a ti mismo que algo de lo que estás haciendo en tus relaciones no está funcionando, o incluso, ha dejado de ser sano. Por tanto, te invito a que asumas el compromiso de encontrar un significado personal a lo que aquí expongo y sumar una gota más de conocimiento emocional al océano maravilloso que eres. Un océano con tormentas y olas embravecidas, es cierto, pero también de un azul majestuoso, único y esperanzador.

¿Lo navegamos juntos?

VICENTE HERRERA-GAYOSSO

PRIMERA PARTE

UN NUEVO CONOCIMIENTO

¿POR QUÉ SUFRIMOS POR AMOR?

"Aceptamos el amor que creemos merecer"
STEPHEN CHBOSKY

Sin duda, e innegablemente, todos hemos pasado alguna vez por una decepción amorosa. Prácticamente todos los seres humanos, en algún momento, hemos sentido las amarguras y sinsabores de un amor no correspondido, una mala relación o de haber terminado con un vínculo afectivo más o menos importante. Algunos han atravesado por esto de manera menos vapuleada, mientras que otros —la gran mayoría, me temo— no han logrado evitar la tortura que parece siempre estar ligada al mal de amores.

Probablemente el sufrimiento por amor es tan antiguo como lo es la propia existencia del hombre moderno. De acuerdo a psicólogos sociales y antropólogos, el amor pasional —al cual está íntimamente vinculado el concepto de sufrimiento—, es un sentimiento cuya manifestación está comprobada en todas las épocas y ámbitos; así encontramos pues, evidencias de sufrimiento pasional desde los mitos griegos hasta los capítulos más significativos la vida de personajes actuales; desde los cuentos de hadas de Hans Christian Andersen hasta las historias plásticas fabricadas en Hollywood. Por tanto, se puede decir que el amor es un *universal cultural*, un elemento que es común en todas las sociedades humanas.

Prueba de esto es el clásico y extenso estudio realizado por los doctores William Jankowiak y Edward Fisher, quienes en

1992 eligieron a 166 sociedades de todo el mundo para indagar los pensamientos, sentimientos y conductas de sus integrantes con respecto a la pasión y al amor. Los resultados arrojaron que en 147 de ellas, las personas hablaban acerca del amor pasional, narraban historias trágicas de amantes desdichados, entonaban canciones románticas y expresaban todos los síntomas y signos del enamoramiento, el deseo de estar con el otro y la angustia ante una posible pérdida amorosa.* Estos hallazgos sugieren que en un 88% de las sociedades del planeta el padecer por amor es una constante que se antoja indispensable y una apremiante necesidad humana.

Así pues, el amor pasional está inevitablemente en nuestra mente casi sin importar la cultura de la cual provengamos. Sin embargo, en donde sí hay una diferencia notable y estructural es en la manera en que las personas, ya sea individualmente o como sociedad, lidian con la decepción amorosa, sea esta a causa de una mala relación, de la pérdida del amado o de cualquier otra situación. Factores como la edad, la madurez mental, la duración de la relación y la inteligencia emocional son fundamentales en cuanto a las diferencias que se dan al enfrentar dicho evento. A final de cuentas, todos sentimos dolor ante una pérdida afectiva, pero lo importante es nuestra actitud frente a ella.

Pero, ¿por qué la diferencia de reacciones ante este padecimiento? ¿Cuál es la razón por la que algunas personas son más asertivas al lidiar con malas relaciones y tras esa pérdida salen adelante, fortalecidas y —más o menos— incólumes de la experiencia mientras que otras se quedan atascadas eternizando su sufrimiento? Tratar de encontrar las respuestas a estas interrogantes no solo es importante, sino también necesario para entender el camino que nos llevará a dejar de sufrir por amor.

---

* El estudio en cuestión apareció como Jankowiak, W.R., Fischer, E.F. "A cross-cultural perspective on romantic love". *Ethnology*. Vol. 31, No. 2. April 1992.

Cada uno de nosotros tiene su propio "paquete de respuestas", algunas naturales como las emociones, y otras aprendidas, como las que se adquieren para adaptarse al entorno particular de cada quien, con las cuales nos enfrentamos a la vida. Con el paso del tiempo, muchas de estas respuestas siguen siendo funcionales y continúan siendo útiles para lidiar con las dificultades de nuestra existencia, lo cual es estupendo; sin embargo, el problema radica en que muchas de esas respuestas con las que intentamos enfrentar acontecimientos y circunstancias actuales, que son obsoletas y anacrónicas, es decir, que *no funcionan hoy en día, incluso si nos funcionaron en el pasado, por la evolución natural que tenemos como seres humanos a lo largo de la vida, ya dejaron de hacerlo.*

Entonces, la pregunta importante sería ¿por qué empeñarnos en seguir usando esas respuestas disfuncionales? Colocarnos en esa situación es comportarse como un niño pequeño que se pasa la tarde con su juguete, intentando meter una figura con forma de estrella en un hoyo con forma de círculo; por más que se esfuerza no lo logra y entonces se desespera, llora, sufre... y después, vuelve a intentarlo una y otra vez. Una absoluta pérdida de tiempo y, peor aún, de energía.

Buscando a la pareja ideal

"Quiero un compañero de viaje"
"Estoy esperando a mi media naranja"
"*Looking for my significant other*"
"Deseo encontrar a esa persona especial"
"Buscando la felicidad"

Cada una de estas frases las encontré en la sección *¿qué estás buscando de tu futura pareja?*, en un sitio de citas en Internet.

Te aseguro que son reales y que ciertamente no tuve que ir más allá de los primeros diez perfiles para encontrarlas. Así como estas frases, la gran mayoría de las descripciones que hacían las personas acerca de lo que esperaban encontrar, giraban en torno a ese ser "especial", "maravilloso" y/o "único" con el que soñaban. Y esto es bastante lógico: la persecución del compañero ideal es un deseo común tanto en mujeres como en hombres, siempre se busca al ser prometido por la vida, a aquella persona que nos ame y que por tanto podamos amar, aquella en cuyos brazos nos sintamos seguros y cuyos besos sean un bálsamo reparador en donde llenarnos de alegría de vivir; sin embargo, una cosa es desear hallar a este singular personaje y otra, muy distinta, efectivamente encontrarlo ¿Por qué pareciera tan difícil llegar a este encuentro?

La respuesta más obvia es que en esta cruzada personal para hallar el amor intervienen numerosos aspectos, algunos menos certeros, estructurados y útiles que otros, dependiendo del nivel de asertividad emocional del "buscador". Así pues, aquí entran creencias como que el destino tiene reservada —en algún lugar del mundo—, a una sola persona especial y exclusiva para cada quien (el mito del alma gemela); o que para experimentar el amor basta que se tenga un depositario/dador del mismo, y este se dará en automático (la falsa creencia de que el amor es un objeto y no una facultad); o que solo a través de otra persona se puede ser feliz (la falacia de la autoestima a través del otro) y, posiblemente la más equivocada de todas, que amar es sinónimo de sufrir, sacrificarse y aguantar vejaciones (el peligro de asumir que el amor lo justifica todo). Entonces, encontrar el balance entre estos ideales y creencias realistas en la búsqueda de la pareja, es una cuestión que se debe de tomar seriamente.

En su libro *La construcción del amor*, la autora Isabel Menéndez hace la siguiente aseveración con respecto a la búsqueda de la pareja ideal: "En principio, elegimos al ser amado para cubrir nuestros deseos, para que nos dé lo que no tuvimos o para reencontrar algo del amor que sí nos dieron (...). *La pareja ideal es aquella que mejor se adecua a nuestras características psicológicas.* Encontraremos a esa pareja en la medida en que no le exijamos que se acomode a idealizaciones excesivas ni la obliguemos a que sea como nosotros queremos. Nadie puede colmar todo lo que anhelamos. Si lo hiciera, el deseo que sentimos por él o ella se agotaría".*

Es interesante lo que dice Menéndez y con ello provoca un nuevo cuestionamiento: ¿cómo se logra esto? Es decir, ¿cómo resolvemos entrar a una dinámica realista del amor que, ciertamente, es menos romántica, pero mucho más efectiva para estar adecuadamente en pareja?

Y esta es probablemente una de las dudas primordiales que quieren despejar todas las personas que están en la búsqueda del amor anhelado. No obstante, la paradoja reside en que muchas veces, tratando de hallar la respuesta, recurren a mecanismos mentales, emocionales, sentimentales y conductuales que las hacen sumergirse en ideas que —y pese al hecho, lo reconozco, de ser muy impactantes y emotivas—, no terminan de funcionar, conduciendo de nuevo al sufrimiento. En gran parte esto sucede porque son ideas que aceptan, sin reflexionar, sobre las consecuencias de llevarlas a la práctica, lo que los conduce a padecer sus relaciones bajo la premisa de que "de eso se trata el amor".

Pero dejando de lado consideraciones éticas, filosóficas y poéticas de cómo se puede formar y encontrar el amor, nuestro organismo tiene claros los mecanismos que usa para hallar el

---

* Menéndez pone un especial énfasis en el asunto de la convergencia de las características psicológicas entre los involucrados, ya que considera dichos factores pilares en la identificación del compañero adecuado. También la autora hace alusión a las causas reales e idealizadas en que se basan las personas en la persecución del amor, los efectos de las mismas, su identificación y las posibles soluciones. Las cursivas en la cita son mías.

camino que nos lleva a él. En mi anterior libro *Supera tu divorcio ¡Ya!*, le dediqué un capítulo entero al famoso y romántico mito del alma gemela. Titulé al capítulo en cuestión *El síndrome del alma incompleta* y en el cual hice referencia al mecanismo que la naturaleza utiliza para empezar a formar las bases del amor. Porque, como lo decía Schopenhauer: "La naturaleza encuentra siempre la forma de juntar lo que debe estar junto para asegurar el triunfo de la especie, aunque para ello se base en mentiras". Al concepto que me refiero, y que muchas veces es confundido con esa idea de alma gemela, es la afinidad.

El vínculo romántico psicológico

No deja de ser interesante el asunto de las características psicológicas que nos terminan uniendo en pareja que menciona Menéndez, por lo que me gustaría hacer hincapié en el tema de manera más profunda. Cuando se da la búsqueda de la pareja ideal debe de realizarse desde la perspectiva de la afinidad. Y ¿qué es la afinidad? Es la atracción que se da entre dos personas cuando descubren que comparten intereses, ideas, metas e incluso rasgos físicos en común. Y la importancia de estas incipientes conexiones —hablando de cualquier tipo de relación— es fundamental porque por medio de ellas se puede predecir, con un alto grado de acierto, su futuro éxito o fracaso.

Estas vinculaciones de correlación se manifiestan básicamente de tres formas: afinidades físicas, intelectuales y emocionales. La unión de estos tipos de afinidad crea lo que llamo **el vínculo romántico psicológico**, es decir, la suma de pensamientos, emociones, sentimientos y conductas que hace que los individuos se interesen entre sí para formar relaciones o, en pocas palabras, que puedan llegar a amarse. Ahora desmenucemos cada una de ellas.

La afinidad física

En primer lugar está la afinidad física, que es aquella que se da cuando dos personas se miran y descubren un magnetismo que las obliga a buscar un encuentro más allá del inicial. Este tipo de afinidad comúnmente es llamado "química", es decir, la atracción inconsciente e increíblemente poderosa que se tiene hacia un determinado ser humano.

Este tipo de afinidad ocurre desde niños. Desde que el pequeño tiene capacidad de discernimiento de lo que le gusta o no le gusta, tenderá, invariablemente, a estar más tiempo con cierto tipo de personas en particular, llámense padres, hermanos, maestros o amigos. Los niños ya son capaces a muy corta edad —tan corta como desde los cuatro años— de sentir atracción física claramente marcada por alguien más, y no solo de eso, sino que son capaces de empezar a tener acercamientos con tintes de coquetería y cierto grado de erotismo con adultos o niños de su misma edad. Esto, desde luego, no quiere decir que los pequeños puedan sentir amor romántico o deseo sexual por una persona, sino más bien se trata de una suerte de "ensayos" que se dan debido a la identificación a un nivel profundo con alguien en particular.

Cuando se llega a la etapa adolescente, el joven da el brinco hacia una explotación de la atracción física de manera más abierta e intensa. El psiquiatra Alberto Orlandini, notable investigador por más de treinta años de los procesos amorosos en niños y jóvenes, sugiere que uno de los puntos cruciales e inevitables del fin de la niñez es la experimentación de la afinidad física que detona el amor romántico; de alguna manera es como si el joven perdiera la "virginidad infantil" al descubrir la atracción hacia y del otro,* y el catalizador principal es la afinidad

---

* En su *Diccionario del sexo, el erotismo y el amor,* los Orlandini (el libro lo escribió en coautoría con su hija Andrea, licenciada en psicología) hacen una

física, el "flechazo" por así decirlo; el adolescente no se fija en otra cosa que no sea la apariencia del amado y pasa por alto cualquier otro tipo de cualidad o defecto que este pudiera tener. Este comportamiento es absolutamente normal si tomamos en cuenta que va de acuerdo a la experiencia vital de un joven promedio. Es por esta razón que los romances de juventud rara vez trascienden a algo más íntimo y duradero, ya que carecen de suelo firme de donde impulsarse. William Shakespeare lo definió muy bien al escribir que "el amor en los jóvenes no está en el corazón, sino en la mirada".

Sin embargo, si es en la etapa adulta donde la afinidad física suele ser *el único aspecto a tomarse en consideración* para formar una pareja, las cosas suelen complicarse. Prácticamente la mayor parte de la afinidad física tiene que ver con la atracción sexual, con ese *sex-appeal* que tiene el otro y que nos cimbra de pies a cabeza, razón por la cual queremos más y más frecuentemente su compañía. Y este arrebatamiento es bastante específico, es decir, las personas se sienten atraídas por cuestiones selectas que tienen que ver con el género, la edad, las aspiraciones en la vida e, incluso, el nivel socio-económico.

Pero por sí sola la afinidad física no basta para consolidar algo más que un pasaje pasional, intenso e impactante, por lo general breve, ya que se centra en el deseo y cuando este se consume, cuando el objeto de interés se alcanza y la persona se siente poseedora de aquello que la atrajo en primera instancia, la experiencia deja de ser seductora, al mismo tiempo que el interés decrece de forma rápida y alarmante. La causa de esto es

---

extensa reflexión acerca de los procesos amorosos y de afinidad que se dan a lo largo de las etapas de la vida. Básicamente sostienen que a pesar de que la sociedad habla y, aparentemente, posee mucho conocimiento acerca del sexo, rara vez se ocupa de conocer de igual manera los conceptos acerca del amor, lo que genera malentendidos notables, siendo el más recurrente la confusión entre pasión y amor.

que en la pura afinidad física el erotismo predomina sobre la ternura y la espiritualidad que, como veremos, son factores cruciales en la consecución del amor.

Desde luego no estoy diciendo que sentir afinidad física por alguien esté equivocado, al contrario, eso es parte fundamental de la cuestión amorosa, pero sí sostengo que es importante empapar ese primer paso de algo más sustancioso. Nuevamente en palabras de Schopenhauer: "El enamoramiento es la trampa que usa la naturaleza para perpetuar la especie" y no deja de tener razón.

Para saber si ha surgido esta afinidad existen señales bastante claras. La primera de ellas es experimentar la "química" (mencionada con anterioridad), que tiene que ver, en gran medida, con el olor corporal. Se ha demostrado que —aunque la existencia de las feromonas en los seres humanos como catalizadores de la atracción no ha sido del todo aceptada— el aroma del cuerpo de una persona influye notablemente en el efecto atracción/repulsión.* Otra señal de la afinidad física es si el estilo de esa persona nos resulta atrayente, es decir, si nos gusta su manera de expresarse, de hablar o, incluso, de caminar. En resumen, si nos sentimos cómodos en el momento de estar parados a su lado.

Pero el indicador más importante de todos es si *el conjunto de características de esa persona nos resultan cautivantes y no únicamente una de ellas.* Esta última parte es la que más suele provocar "engaños" al momento de recién conocer a alguien.

---

* El término feromona proviene de las raíces griegas *pherein* (transferir) y *hormone* (excitar) y se refiere a un grupo de moléculas presentes en los animales que se encargan de mandar señales químicas a través de sensaciones olorosas, todo ello con el fin de provocar la atracción cuando se encuentran en etapa de celo y, de esta forma, facilitar el encuentro sexual. Aunque en los humanos aún es incierto su papel, se cree que influyen notablemente en sus interacciones y prueba de ello es la enorme cantidad de dinero invertido año tras año en la industria perfumera para potenciar sus efectos.

Por ejemplo, supongamos que conoces a alguien que te "atrapa" desde el primer momento porque su físico es perfecto o al menos lo es para tu gusto. Esa persona también siente interés por conocerte y te invita a salir. Durante la cita la fascinación se acrecienta, te encanta su sonrisa, su manera de mirar, su cabello sedoso y su cuerpo atlético, así que regresas a casa sin poder pensar en otra cosa; sin embargo, ese es precisamente el problema, *que no eres capaz de recordar algo más*. Aun así, salen nuevamente y compruebas efectivamente que la fascinación por su físico es única, como ninguna que hayas experimentado, pero todo lo demás no lo tomas en cuenta: su plática es aburrida, su manera de vestir te resulta demasiado sosa o estrafalaria, su voz es demasiado suave o estridente, no posee mucho sentido del humor, y ni hablar de sus ideas y metas en la vida.

Desde la primera vez que salimos con una persona podemos ser perfectamente capaces de identificar si es alguien con quien tendremos un nexo más fuerte a futuro o no. Desafortunadamente la mayoría de las personas suelen querer tapar el sol con un dedo e intentar convencerse de que esa persona es la indicada, por lo que le atribuyen características que no tiene, y eso, a la larga, es una de las principales causas del sufrimiento amoroso. Si no crees todo lo anterior, lee el siguiente caso de la vida real.

Hace tiempo, la atractiva y joven hermana de un buen amigo cuya angustia más grande era precisamente quedarse toda su vida sin conocer al "verdadero" amor —obsesionada con este pensamiento desde los quince años— y que privilegiaba por encima de cualquier otra cosa el atractivo físico, conoció a un hombre que tenía la misma creencia: deseaba formar una familia lo más pronto posible con una mujer que pudiera mostrar como una envidiable conquista, y así, cumplir el requerimiento impuesto por su entorno social. En automático, cada uno pensó haber encontrado a su "media naranja". Salieron por dos meses antes de que él le propusiera matrimonio y ella aceptara sin chistar. A los cinco meses estaban casados y esperando su primer bebé. Cuando sucedió lo que a continuación te narraré, ella llevaba separada de su aún esposo casi un año y el divorcio estaba en proceso.

En una reunión a la que acudí a casa de su hermano, esta mujer se acercó a mí (lo que suele pasarme frecuentemente cuando abro la boca y se me ocurre mencionar acerca de lo que escribo) y prácticamente me persiguió hasta que logró arrinconarme en una esquina para contarme su historia. En resumidas cuentas no paraba de quejarse amargamente de que no alcanzaba a comprender cómo había podido contraer matrimonio y tener un hijo con alguien que en realidad nunca llegó a conocer, de quien no le gustaba su manera de pensar y particularmente su forma de tratar a los demás. Cuando terminó le pregunté lo obvio: "¿Qué fue lo que te unió a ese hombre y te llevó a casarte con él?"

El efecto de mi cuestionamiento fue el mismo que el de una cubetada de agua helada. Después de unos segundos mirando al vacío apareció en su rostro esa expresión que ponen todas las personas cuando tienen una revelación, y entonces respondió con un susurro de aterrada sorpresa: "¡Es que me gustaba mucho, es tan guapo!" Sin palabras.

Por sí sola la afinidad física es sumamente fuerte, pero también es fugaz y engañosa; si los miembros de una pareja descubren que son afines en este nivel es indudable que serán extraordinarios amantes, pero también es un hecho que eso no les bastará para construir una relación sólida. Esta afinidad tan poderosa puede constituirse en una trampa que hará que crean que están enamorados o, peor aún, que alguno de los dos ama a otra persona, provocando con ello la toma de decisiones abruptas y erróneas.

El psicólogo Walter Riso, especialista en estos temas, suele referirse a los tipos de relación enfocadas en esta afinidad con una frase jocosa: "Casarse con el amante es como echarle sal al postre". Riso sostiene categóricamente que solo la relación de un pequeño porcentaje de los amantes que se casan o viven juntos, funciona. Lo anterior tiene su lógica, ya que lo que mueve al ser humano hacia su evolución —personal y como especie—, es la búsqueda constante; cuando esa búsqueda da resultado, es decir, cuando se obtiene lo que se busca, de inmediato aparece la necesidad de comenzar una nueva gesta.

Esto nos lleva a considerar otro tipo de atracción que pueda superar algunas de las limitaciones de la afinidad física. Me refiero a la que se presenta por un acercamiento y un intercambio nutrido de puntos de vista, conocimientos, ideas y pensamientos entre dos personas. Se basa también, en gran parte, en el aspecto social, y es conocida como la afinidad intelectual.

La afinidad intelectual

Cuando se ha llegado al convencimiento mutuo de que la afinidad física está presente —porque te sorprendería saber que hay mucha gente que se pone de pareja con alguien con quien no siente esta atracción solamente por no estar solo—, ahora, el siguiente paso es intentar conocer mejor al otro, descubrir si sus ideas, pensamientos y manera de ver la vida se encuentran en comunión con los propios. Para lograr esto de forma adecuada es indispensable tener una buena autoestima.

Uno de los errores básicos en la búsqueda del amor es la creencia de que en cuanto llegue esa persona especial a nuestras vidas, no importará que tan mal emocionalmente estemos o que tan escaso conocimiento interno de nosotros mismos tengamos, la presencia del otro, y por tanto del amor, terminará solucionando nuestras carencias personales; nos engañamos pensando que si somos crónicamente infelices, con la presencia del amado esto terminará y nosotros no tendremos que hacer nada más que estar dispuestos a ser los depositarios de ese bienestar concedido por esa persona. Seguimos creyendo en los cuentos de hadas que dieron origen al mito del amor romántico. Esta es una distorsión conocida en la terapia cognitivo-conductual como *pensamiento incorrecto del cambio*. El supuesto fundamental es que la felicidad depende de los actos de los demás y que nosotros solamente tenemos que sentarnos a esperar que todo se acomode, sin la necesidad de hacer algo al respecto, es decir, se pierde proactividad, la cual es la base de todo avance personal.

Contar con una buena autoestima y un buen autoconcepto (el conocimiento de los límites propios), permite cimentar una adecuada afinidad intelectual con la pareja. ¿Por qué es esto? Por una sencilla razón: si pensamos bien de nosotros mismos, podremos tener la seguridad de que nuestras ideas, gustos o preferencias intelectuales son importantes y dignas de valor, lo cual nos permitirá defenderlas con pasión y nos volverá seres más interesantes a los ojos del otro, lo que resulta muy atrayente y seductor.

Por otro lado, tener una buena autoestima también permitirá estar más receptivo a las cualidades reales que el otro tiene y será más fácil evitar caer en la aceptación a ultranza de los pensamientos de la pareja como maravillosos e irrefutables. Un error común con la afinidad intelectual es la tendencia de ver al otro como "el gran maestro", como si los pensamientos, emociones, sentimientos y conductas de esa persona fueran los *non plus ultra*. Una buena autoestima ayuda a ver al otro como es y a dimensionar lo que genera la atracción intelectual. Este tipo de afinidad puede ser el arma de muchos manipuladores que saben jugar muy bien con las personas con un pobre autoconcepto y que buscan un guía que ilumine el camino de su propia vida. Para que te quede más claro, basta que recuerdes a líderes sectarios como Charles

Manson, Jim Jones o Shoko Asahara, que sedujeron a cientos de personas a través del carisma de su intelecto y que después les obligaron a hacer cosas terribles, acciones que personas emocionalmente estables no habrían realizado.*

Esta afinidad también repercute en la forma de desenvolverse socialmente de los involucrados. Los miembros de una pareja elegirán la mayoría de sus actividades en conjunto, de acuerdo a sus intereses intelectuales. Es decir, necesitan encajar el uno con el otro en aspectos tales como si prefieren la frivolidad o la cultura, el tipo de música que escuchan, los espectáculos a los cuales quieren asistir, etc. Es cierto, lo anterior no quiere decir que la pareja necesite ser idéntica en sus gustos, pero sí que compartan, lo más posible, intereses de tipo intelectual, sin dejar de ser ellos mismos. En este sentido hay un viejo proverbio zen que dice: "Un ave y un pez pueden enamorarse, pero ¿en dónde vivirían?"

Cuando la afinidad intelectual está ausente, las charlas menguan rápidamente, e invariablemente, el interés por el otro comienza a desaparecer al no poder compartir experiencias, ideas y pensamientos, ni tener una retroalimentación enriquecedora. Aparece entonces el primer gran síntoma del sufrimiento por amor: el aburrimiento. Y este a su vez, si no se detiene a tiempo, dará paso al hartazgo. Y si en teoría nos emparejamos con alguien porque esa persona nos seduce, nos atrapa y nos mantiene interesados, cuando esto empieza a dejar de existir, hay que poner especial atención; ya sea para hablarlo y encontrar

---

* Charles Manson convenció a varios jóvenes de buenas familias que asesinaran brutalmente a dos grupos de personas en Beverly Hills en 1969, solo por el placer de realizar ese acto. Jim Jones fue un pastor religioso que hizo que más de 900 personas cometieran suicidio en la comunidad apartada de Jonestown en la Guyana en 1978, incluyendo madres que sacrificaron a sus propios hijos. Asahara fue el líder de una secta japonesa llamada *Verdad Suprema,* que en 1995 persuadió a sus seguidores de lanzar un ataque con el mortal gas Sarín a las instalaciones del metro de Tokio, provocando la muerte de 13 personas y dejando gravemente enfermas a otras 50.

una solución o para tomar otro tipo de decisión. En cualquiera de los casos se trata de atajar el problema a tiempo y no dejar que crezca de manera exponencial.

¿Cuándo saber que hay compatibilidad intelectual? Ya mencionábamos que tener una buena autoestima es uno de los puntos básicos para esta afinidad, sin embargo, hay otros igual de importantes, entre los que se cuentan: **compartir los mismos principios y valores**, lo cual está determinado por la educación recibida en la familia de origen, y no se trata de ser clones, pero sí de tener una historia de vida similar, ya que eso de que "Él era de alta cuna y ella del barrio", solamente funciona en las telenovelas; **coincidir en las ideas sobre la vida**, es decir, compaginar prioridades, como por ejemplo, creer que lo más importante es la familia o que el éxito profesional es lo que está por encima de cualquier otra cosa; **tener gustos similares**, para que al encontrar formas de esparcimiento en conjunto, estas satisfagan a ambos; **poseer el mismo estilo de vida**, lo que permite disfrutar el tiempo en común así como el espacio de convivencia, por ejemplo, si los dos son bohemios, deportistas o formales, será más sencillo pasar tiempo juntos. Y, finalmente, el que considero el más importante: **tener el mismo nivel cultural**. Este es el aspecto de más peso porque es aquí donde se construye una vía imprescindible para la consolidación de la pareja: la *comunicación*. Tener el mismo nivel cultural o uno muy parecido, permite contar con inagotables temas de conversación, tradiciones en común y el mismo nivel de interés por el conocimiento, en fin, hace posible desarrollar la misma *categoría intelectual* con y para el otro. Porque, contrario a lo que piensan los amantes empecinados en el *mito del amor romántico*, el amor no es la piedra angular de una relación, este descansa sobre una base con cuatro puntos de apoyo: respeto, confianza, empatía y comunicación. Si uno de ellos faltara, el amor se desplomaría cual mesa con patas rotas.

Así como tener una afinidad física abre la posibilidad de desatar a *eros* a tope, la afinidad intelectual destapa la cualidad que los griegos llamaban *philía*, lo que nos permite volvernos amigos inseparables, teniendo temas o situaciones por compartir, con un gran interés por colaborar en pareja. Pero aún con todo esto, la afinidad intelectual sigue quedándose corta para lograr la consolidación del amor, por lo que nos vemos obligados a buscar la última pieza del rompecabezas: la afinidad emocional o lo que se conocía desde la visión Helénica como *ágape*. Así pues, la tríada del amor de acuerdo a la visión griega queda conformada por *eros* (pasión), *philía* (amistad) y *ágape* (compasión).

Afinidad emocional

La afinidad emocional es tan importante que particularmente las grandes firmas dedicadas a la mercadotecnia la usan como base de campañas dirigidas al comprador. Estas empresas desarrollan, a través de colores, sonidos y formas, la empatía con las emociones del posible consumidor, ya que saben que este adquirirá su producto, si identifica en él un sentido de pertenencia. En cuestiones afectivas y amorosas la cosa no es tan diferente. Las personas cultivan la comunicación profunda, de manera que son capaces de compartir sentimientos, confesar errores y externar dudas, ambiciones, alegrías y preocupaciones a la persona que tienen a un lado. En concreto: se desarrolla una fortaleza que permite mostrar nuestro lado desconocido y, en ocasiones, hasta vergonzoso, exclusivamente a un ser humano. La afinidad emocional es pues, en esencia, un acto supremo de confianza e intimidad absoluta.

La característica más evidente de este tipo de afinidad es la empatía, que se refiere a la capacidad de entender los sentimientos, tanto propios como ajenos, y actuar en consecuencia, adecuadamente. Al desarrollar la empatía se tiene una gran ventaja como pareja y es que la autoestima de ambos integrantes se ve favorecida de manera considerable, lo cual permite el desarrollo del respeto, aprecio y aceptación de lo que el otro es. En esta etapa los involucrados son evidentemente sensibles a identificar el real estado de ánimo del compañero y que muchas veces pasa desapercibido para los demás, están mucho más dispuestos a la conciliación de malentendidos y evitan las peleas y agresiones porque saben que puede haber soluciones de otro tipo. "Darse al otro" pero desde una perspectiva madura y balanceada es lo que definiría a la afinidad emocional.

¿Cómo saber si con tu pareja te encuentras en esta situación? Al igual que en los tipos de afinidad anteriores, hay aspectos precisos que permiten responder a esta pregunta, entre ellos están: **el descubrir que no hay mejor entendimiento que el que hay con la pareja**, y no se trata de aferrarse a la simple idea de que ambos "son uno mismo", sino más bien a la seguridad de que el otro es un auténtico receptor de pensamientos, acciones, emociones y sentimientos y que lo que se dice y se hace es tomado en cuenta y apreciado; **se potencia la capacidad de percibir y ser percibidos**, incluso aunque no haya palabras de por medio, la pareja está lo suficientemente integrada para captar lo que sucede con el otro, y por tanto, hace o dice lo adecuado en cada situación; **se comprende qué palabras, situaciones o acciones ofenden al otro**, en esta afinidad se sabe cuáles son los límites que el otro tiene, lo que está dispuesto a tolerar y lo que no, por lo que se pone especial énfasis en adecuar el proceder propio con respecto al ajeno, pero de manera equilibrada; **no hay manera de expresarse inadecuadamente de la pareja ante terceros**, debido al respeto y la confianza que se han generado en la pareja, es prácticamente imposible que pueda darse el referirse a esta por medio de burlas, agresiones o desvalorizaciones, de ser así no hay afinidad emocional; **se comparte un proyecto de vida**, si bien en las dos anteriores afinidades también podría haber estado presente un esbozo de proyecto de vida en conjunto, es aquí cuando se establecen claramente los pasos a seguir, se llegan a acuerdos, concesiones y las metas se compaginan adecuadamente; finalmente, tal vez la característica más importante de la afinidad emocional es que **se confía en la bondad y las buenas intenciones de la pareja**, lo cual quiere decir que en caso de apuro, necesidad o peligro, se recurrirá a ella sin dudar, sabiendo que esta responderá a la altura de las circunstancias, es decir, se crea un vínculo de apego sano con ese ser, generando así un círculo de ayuda y protección entre ambos integrantes.

Cuando se ha logrado acceder a este tipo de afinidad puedes tener la certeza de que los miembros de la pareja se vuelven *compañeros íntimos* que comparten lo más profundo de ellos mismos sin el temor de que ocurra una traición o una falta de respeto.

Es muy importante señalar que aun cuando esta afinidad está presente no se exenta el riesgo de separación o ruptura, sin embargo, si esta se da, ambas partes piensan y hablan bien del otro, perdurándose en un recuerdo hermoso en la mente de la expareja.

Ahora te invito a que hagas una honesta reflexión acerca de tu relación o previas relaciones y verifiques la presencia de los tres tipos de afinidad en ellas. Si al hacer el recuento descubres que tienes o tuviste por lo menos un 80% de afinidad en los tres rubros, indudablemente es una señal certera de que tuviste o tendrás una sana convivencia con tu pareja.

Para finalizar, déjame aclararte algo: considero absolutamente necesario que los tipos de afinidad que menciono deben estar presentes durante un adecuado proceso amoroso para que una pareja consiga mantenerse sanamente unida. A esto lo denomino **el vínculo romántico psicológico**. La razón por la que lo llamo así es que el término *psyche*, que proviene del vocablo griego que se usaba para *alma o soplo divino,* hace referencia a un todo, es decir, a la unión de creencias, emociones, senti-

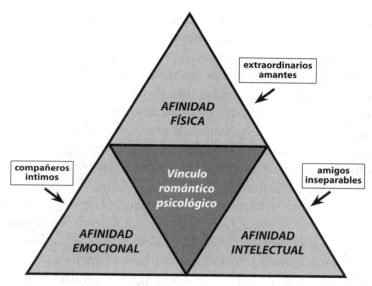

Figura 1: El vínculo romántico psicológico y sus componentes.
(Derechos reservados a Vicente Herrera-Gayosso. 2015).

mientos, pensamientos y conductas que conforman la condición humana. Por tanto, cuando alguien consigue solidificar un vínculo de amor con otra persona, ha logrado tocar su propia alma y la del otro. La gran mayoría de los estudios que se han hecho con respecto a las relaciones interpersonales han mostrado que lo que realmente importa para que una pareja pueda hallar el equilibrio en la compatibilidad y cimentarla de manera sólida es la actitud frente al otro, los valores compartidos, así como las personalidades semejantes. Cuando uno de estos elementos pesa más que los otros dos, se genera un desbalance en la relación y se corre el riesgo de caer en el sufrimiento. El vínculo romántico psicológico pues, está conformado por un sistema activo de los tres tipos de afinidades.

Sin embargo, es fundamental recalcar que *ser afines no significa ser iguales*. Esta confusión es, sin duda, una de las que más afectan la dinámica de una pareja y también es una de las principales razones del sufrimiento. La afinidad tiene que ver con ser cercano con el otro, pero sin olvidar la propia individualidad; se genera el sentido de pareja, pero desde la sana consigna de que sus miembros son dos personas diferentes, con forma de ser y expectativas independientes. La idea de que la relación amorosa es sinónimo de ser "uno mismo", solo sirve para las canciones y poemas románticos. Lo cierto es que en la realidad esa consigna no solo es falsa, sino funcionalmente nula; he aquí la paradoja: contrario a lo que se nos ha hecho creer, no salvaguardar nuestra individualidad dentro de la pareja impide que se logre el desarrollo adecuado de la misma, es decir, cuando dejamos de creer que *debemos* ser uno mismo con el otro, es cuando la relación más tenderá a funcionar. Y esto es porque cada uno de los integrantes empieza a confiar en que su compañero no solo respeta, sino que acepta, promueve y alienta su desarrollo como parte complementaria de la pareja.

Yo, facultad y objeto

Sin embargo, reconocer que el amor a una pareja es un proceso individual e íntimo que no tiene que ver con ella, y además entender y aceptar esta idea, no es tan sencillo. Como decía Erich Fromm en *El arte de amar,* su emblemático libro: "La paradoja del amor es ser uno mismo, sin dejar de ser dos", lo cual representa un reto sumamente alto para los involucrados. Pero, ¿por qué esto es así? ¿Cuál es la razón de que los miembros de una relación asuman que deben volverse un solo ser, dejando de lado su propio Yo? ¿En qué momento se da por hecho que esta peligrosa idea es parte indispensable de la relación?

Las razones son —desde mi punto de vista— fundamentalmente dos. En primer lugar se necesita que se tenga la equivocada pero generalizada creencia de que **el amor es un objeto y no una facultad.** Esto implica que la mayoría de las personas se aferran a la idea de que la presencia del amor en su vida es determinado por su relación con una persona específica; sin embargo, esto no es así, porque el amor es mucho más que solamente encontrar una pareja con quien compartir el día a día; el amor romántico se trata más bien de una *actitud* que va a definir el estilo de relación que mantenga la persona con el mundo que la rodea, no simplemente con su pareja u "objeto" amoroso.

Cuando una persona se dedica a amar nada más a otra e ignora al resto de sus semejantes (amigos, familia, etc.), esto no puede considerarse amor, sino una relación simbiótica, y algunas veces, hasta parasitaria. Pero sucede que la mayoría de las personas lo suponen y hasta lo dan por sentado: el amor está constituido por el otro (el objeto) y no por el amor en sí (la facultad). Más aún, creen absolutamente que el hecho de no amar más que a su pareja en turno es prueba de la magnitud de su amor, ¡vaya distorsión de la idea!

Pero ahora seguramente te preguntarás, ¿qué significa eso de facultad? Pues bien, básicamente se refiere a que el amor es una *actividad*, o como lo llamaban los antiguos griegos: una potestad del alma. La característica básica de una actividad es que puede ser ejercitada e irse perfeccionando, de esta forma se logra un dominio cada vez mayor de la misma. Al ser el amor una actividad está supeditada a nuestro albedrío y no se encuentra bajo el mandato de un tercero —en este caso el objeto o pareja—; siendo esto así, entonces puede ser ejercida desde nosotros hacia afuera en cualquier medida, como queramos o cuando deseemos, y no solo con respecto a ese único ser.

Al no comprender lo anterior, la persona cree que lo único que es necesario para que el amor llegue a su vida es encontrar al objeto de dicho amor porque ahí es el "único lugar" en donde podrá ponerlo en práctica (de ahí la frase romántica pero estúpida de "tengo tanto amor dentro de mí, pero nadie a quien dárselo"). Como está esperanzada a que eso ocurra y asume que mientras tanto solamente le queda esperar, la persona no se ocupa en ejercitar su capacidad de amar, no desarrolla la actividad del amor dentro de ella, en pocas palabras, *no sabe amar-se*. Para amar realmente a una persona debe amar a otras personas al mismo tiempo, amar al mundo y a la vida, pero particularmente, se debe amar a ella misma por encima de todo. Y esto constituye una especie de última defensa para evitar caer en relaciones con apegos tóxicos.*

> El amor de pareja no empieza en el afuera, con el otro, comienza con el amor interno que cada integrante —de forma individual—, ejercita dentro de sí mismo antes de conocer al otro.

La segunda razón que, estoy convencido, termina haciendo creer a las personas que deben renunciar a su individualidad para tener una "buena" relación de pareja, es aquella que encierra la idea de "convertirse" en un solo ser y la llamo la **disolución del Yo**. Cuando el Yo —que no es más que la consciencia que una persona tiene de sí misma y que es lo que la hace ser ella, única y diferente a los demás— no está bien cimentado, el individuo cruza fácilmente la delgada línea de la evasión de la responsabilidad individual.

En el caso de una persona que cree que su pareja es el único objeto que debe amar, la responsabilidad de tomar las riendas

---

* Esta idea es uno de los bastiones que Fromm defiende en *El arte de amar*. El autor pone un ejemplo muy claro para ilustrar esto: cuando una persona cree que el amor solo es el objeto, es como si fuera un hombre que quiere pintar, pero en lugar de aprender arte se empeña en creer en la idea de que para pintar lo único que debe hacer es esperar a que aparezca el objeto adecuado que le provea inspiración y entonces creará la obra de su vida, sin ningún tipo de conocimiento o preparación en pintura.

de su propia vida es anulada en aras del otro, lo que conlleva una evasión del propio Yo en favor de un "nosotros" artificial y, muy probablemente, peligroso. Y esto es así porque la persona deja atrás todo lo que la convierte en individuo —ideas personales, creencias, expectativas, sueños y anhelos—, cuando estos no encajan con los de su pareja. Y si tiene la mala fortuna de toparse con un otro que utilice la manipulación emocional como estrategia para controlarla, puede llegar a ser chantajeada con facilidad.

El asunto se termina de complicar, la mayoría de las veces, porque después de un tiempo, es la misma persona quien se da cuenta de que algo no está funcionando con su relación pero no alcanza a comprender por qué, si según ella ha dado "todo" de sí y no recibe la recompensa adecuada. Sin embargo, ese es precisamente el problema: cuando alguien regala todo a otra persona y no se guarda nada para sí mismo, no tiene herramientas —o son olvidadas—, que ayuden a establecer una defensa contra posibles consecuencias desagradables.

El doctor John Platt, uno de los pioneros en estos temas, llamó hace tiempo a este tipo de situaciones "trampas sociales". Según Platt, una trampa social describe "(…) situaciones similares a una trampa para peces, donde los individuos, las organizaciones y las sociedades empiezan a tomar una dirección que más tarde se demuestra que es desagradable o letal, pero de las cuales es difícil retirarse".* Básicamente, el individuo sabe que está haciendo algo incorrecto pero no es capaz de dar marcha atrás o dejar de hacerlo porque la conciencia grupal o, en este caso, de pareja, le dicta que así debe ser.

Una de las trampas sociales más recurrentes en una relación es la idea de que una pareja debe ser uno solo —peor aún—,

---

* Platt describe esto en su famoso y ya clásico artículo aparecido en 1973. Platt, John. 1973. "Social traps". *American Psychologist*. Vol. 28 (8). p.p. 641-651.

"tú y yo contra el mundo". Y aquí juega un papel preponderante la suposición de que eso es el amor; los involucrados aceptan, sin cuestionarse, que solamente puede ser de determinada forma y que no hay otras posibilidades para ser expresado o resuelto. Así, la trampa social es asumir que: "Simplemente es así porque creo que es así" y fin de la historia.

La cruel ironía con respecto a la disolución del Yo en una relación, es asumir que si somos nosotros mismos corremos el riesgo de quedarnos solos, por lo que adoptamos roles que no solo nos incomodan, sino que en la mayoría de los casos resultan desagradables, dolorosos y contraproducentes; nos hacen creer que con estas *conductas de furor,** como las llamo, mantendremos una armonía con el otro y este va a aceptarnos más fácil e incondicionalmente, y la relación será un éxito.

Pero no es así, sino todo lo contrario. Estas actitudes nos mandan directamente a una inevitable sensación de vacío, porque nadie puede vivir una mentira todo el tiempo, aunque intente convencerse de que dicha mentira es algo real. La mejor fórmula para evitar esta fuente de sufrimiento amoroso es mantener nuestro propio Yo, pésele a quien le pese, particularmente a nuestra pareja. Si bien es cierto que deben de realizarse cierto tipo de acuerdos y concesiones cuando nos emparejamos con alguien, estos no pueden ir en contra de lo que, en esencia, somos. Cuando lo hacemos, nos encaminamos a la ruta del furor platónico: decepción, desconcierto y sufrimiento.

> Censurarte para agradar a tu pareja o no tener problemas en la relación es un error; de esta forma seguirás sufriendo pero ahora en silencio.

---

* Platón en su *Fedro*, hacía alusión a que "el amor es una especie de furor" y en donde la palabra furor significaba —dentro de ese contexto-, precipitación, desenfreno y locura. De ahí el origen del nombre *conductas de furor*. (N. del A.).

¿QUÉ ES UNA RELACIÓN TÓXICA?

"Amor, amor, que te pintas de cualquier color"
RAFAEL PÉREZ BOTIJA

Se ha dicho mucho acerca del concepto de relación tóxica, enfermiza, disfuncional o insana. Cualquiera que sea el nombre que se le dé, la verdad es que hay una gran preocupación por entender las causas y consecuencias que encierra. Entonces, es apremiante es definir qué es aquello que se conoce como **relación tóxica**.

En términos generales, *una relación tóxica es un vínculo en el que ambos integrantes sufren de manera constante y repetitiva*. Es decir, en lugar de disfrutar de su relación, acaban padeciéndola, todo o la mayor parte del tiempo. La característica clásica de este tipo de relaciones —aparte de la infelicidad que provocan— es que uno (y a veces ambos) de los integrantes de la pareja intenta con todas su fuerzas que la relación se sostenga, por imposible que esto pueda ser, causando un desgaste más profundo y un sufrimiento más recurrente (hablaremos más de esto en el capítulo referente al apego).

En cualquier caso, los sentimientos de dicha en una relación tóxica son bastante contados y efímeros; la mayoría de las veces, para que estos instantes de felicidad se den, las personas se ven obligadas a pasar por alto actitudes y conductas que en una pareja con un vínculo sano no se tolerarían.

El arsenal de armas usado por los integrantes de una pareja tóxica es muy variado, pero destacan el uso de la culpa, la humillación, la ironía y el chantaje, como medios para mantener el control en la relación. Por otro lado, cuando se supone que la meta de una pareja tendría que ser el que ambos integrantes se vean beneficiados con una actitud tipo ganar-ganar, en la relación tóxica, esa actitud, en el mejor de los casos, se da en la tónica de perder-ganar y en el peor, de perder-perder.

Las causas por las que terminamos cayendo en relaciones de este tipo son muy variadas: factores como un pobre autoconcepto y una baja autoestima que nos llevan a victimizarnos; el temor irracional a la soledad; adoptar el papel de "rescatador" de los demás; la necesidad de sentirnos amados y aceptados por otros; el haber vivido una serie de carencias profundas en etapas tempranas de la vida; la presión del "¿qué dirán los demás?" que nos lleva a intentar cumplir con roles sociales incluso a costa de nuestra felicidad, o la obsesión cultural por tener pareja, son algunas de ellas. Pero, básicamente la causa para caer en una relación tóxica tiene que ver *con no ser capaces de enfrentar la realidad de nuestra propia vida*. Porque si bien es verdad que, a veces y a todos, la vida puede darnos mucho miedo, también es cierto que la peor forma de confrontar esa situación es creer que entonces alguien nos la tiene que venir a resolver.

La mejor forma de saber si estás en una relación tóxica es mediante el viejo método mayéutico de preguntas y respuestas. Algunas preguntas que pueden arrojarte luz acerca de esto, en el caso de tener respuestas afirmativas, son:

- ¿Algunas veces me siento tan lastimado por cosas que dice o hace mi pareja que quisiera no estar con ella?

- ¿Mi pareja me trata con burlas, humor negro, descalificándome o aprovecha para detonarme sentimientos de culpa?

- ¿Me doy cuenta que he dejado de decidir cuestiones de mi vida por mí mismo?

- ¿Tengo que sacrificar y traicionar lo que yo soy para que mi pareja esté feliz o no se enoje?

- ¿Aunque sé que hay algo disfuncional soy capaz de no exponer mis deseos ante mi pareja para evitar confrontaciones y conflictos?

La clave para salir de una relación así (porque desde luego que se puede lograr) es *tomar la decisión*. Así de simple, para empezar. Reconocer que te encuentras en toxicidad y elegir cambiarlo. Para ello es necesario romper con los roles que hasta hoy has asumido y que generan y potencian tu relación inadecuada. Cuando decidas cambiar ese papel de sumiso, víctima, rescatadora…entonces tu pareja tendrá que reacomodarse forzosamente porque ya no encontrará esa respuesta conocida en tu nueva actitud. Es probable que intente hacerte sentir culpable con frases como: "¡Has cambiado!" o manipularte diciéndote "¡Estás echando a perder todo!" ¡No te dejes!, defiende tu nueva postura, solo así podrás salir adelante. Tal vez sea difícil romper esos antiguos patrones, por lo que es importante que, en estos momentos, recurras a un profesional que te ayude a crear formas de defenderte más contundentes.

> Cuando una pareja a la que le has cedido todo el terreno en la relación te dice con cara de reprobable asombro: "¡Cómo has cambiado!", ten la seguridad de que vas por buen camino.

Recuerda que una relación tóxica se contrapone esencialmente a lo que sería una pareja sana. La vida con alguien más implica poder avanzar, tanto de manera individual, como en equipo; esa evolución tendría que estar encaminada a lograr bienestar, dicha, placer, gozo y felicidad. Además, se fundamenta siempre en un respeto mutuo, desprendimiento, gratitud y solidaridad hacia el otro. Cuando tienes lo contrario cruzas un límite muy peligroso.

Los cuatro tipos de relaciones inadecuadas

Básicamente existen cuatro tipos de relaciones disfuncionales o amores tóxicos que he podido identificar de forma constante en mi experiencia terapéutica con personas sumergidas en el mal de amores. Estos tipos de vínculos presentan características recurrentes, por lo que a continuación las describiré para que sea más fácil identificarlas en tu caso particular.

El amor desesperado

Su frase es: *"¡Ámame, aunque sea un poco!"*

Dicen que mientras más se busque el amor, este parece ser más esquivo. Lo cual se vuelve realidad cuando se da este estilo de amor cuyas características más distintivas son la emergencia, el desbordamiento y la necesidad desmedida que muestra uno de los integrantes hacia el objeto de su amor. Este tipo de relación está basado no en un equilibrio entre lo que yo soy y lo que el otro es, entre lo que necesito y lo que me pueden dar, sino en un estado de angustia, desesperanza y pesimismo que tiene como resultado la inmersión en la dependencia, es decir, *la creencia de que se necesita forzosamente del amor de la pareja para estar bien.* Esta manera desesperada de amar termina siendo peligrosa.

La condición de peligro radica en que esta actitud se origina a partir de dos situaciones claramente contaminantes a nivel emocional. La primera es el **anhelo inevitable y desmedido que se tiene por esa persona y por lograr una reciprocidad**

amatoria. El mismo sentido de emergencia que se posee hace imposible el disfrute de uno mismo e —incluso—, de la relación, ya que el otro se convierte en el todo. Cada una de las conductas y las expresiones relacionadas con la cuestión afectiva están encaminadas y supeditadas a la buena merced del amado. Sobra decir que la inmensa mayoría de las veces esa persona no responde de manera adecuada a esas exigencias, bien porque se siente abrumada por ellas, bien porque simplemente no le parecen atractivas en lo más mínimo.

La manifestación del amor desesperado tiene su génesis en un estilo de apego ansioso, es decir, nos sentimos unidos a la pareja no por cuestiones de cariño, fidelidad o apoyo, sino por el temor irracional a perderla. Es el miedo, en sus diferentes

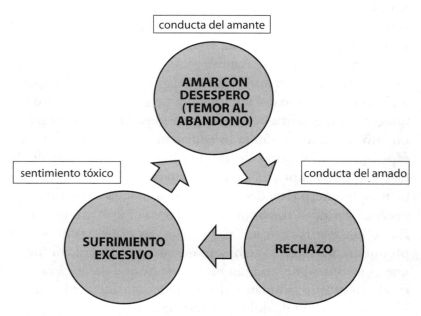

Figura 2: El ciclo vicioso del amor desesperado.
(Derechos reservados a Vicente Herrera-Gayosso. 2015).

vertientes, lo que motiva a la persona a transformar el sentimiento de amor en una especie de lucha dolorosa por obtener atención; paradójicamente, en el pecado se lleva la penitencia, ya que esta actitud provoca un rechazo constante de la otra parte, así se crea un círculo vicioso.

Entonces, como puedes ver, el amor desesperado conlleva un sentido profundo de autoengaño y una perpetuación del sufrimiento. Si estás inmerso en un amor ansioso manteniéndote temeroso de lo que va a suceder a cada instante, aguardando con el momento que tu pareja se vaya o te cambie por un mejor y más reciente modelo, tu vida girará en un torbellino de inseguridad y desesperación. Como en el anterior esquema, si eres víctima de este tipo de amor, el terror constante a estar solo provocará el hartazgo del amado, quien te rechazará, entonces te catapultarás al sufrimiento y al creer que no puedes con eso, volverás de nuevo a buscar con desespero ese amor, con lo cual se complementa el círculo. La repetición constante de patrones es igual a una vida sin aprendizaje.

El segundo punto que implica peligro en el amor desesperado es **la idealización del ser amado a tal grado que cuando esa imagen y expectativa no se cumplen más, los primeros sentimientos en detonar son la inseguridad y la angustia.** Los que experimentan este tipo de amor sufren períodos intensos de felicidad alternados con períodos intensos de tristeza, dependiendo de la respuesta del otro. Si quien nos ama nos ofrece un poco de cariño o responde adecuadamente a una muestra de afecto, en automático nos elevamos a las nubes como si nos propulsara un cohete. Pero como estamos a disposición de lo que el otro designe, cuando este no responde de manera adecuada (o lo que el amante desesperado considera adecuado), inicia la sensación de dolor y desesperación.

Este tipo de amor se engarza rápida y profundamente a fantasías sin fundamento, como que el otro es una especie de bálsamo curativo para las heridas existentes en el corazón, o que su sola presencia basta para enfrentar las sombras amenazantes que acechan el resto de la vida del que ama. También es recurrente la expresión del amor de manera tan fácil e inmediata, que basta con que nos guiñen un ojo para que desesperados caigamos en los brazos del amado sin percatarnos de las señales de alerta y sin medir consecuencias.

Para muestra de lo anterior, un botón. Hace algún tiempo, una de mis pacientes que se encontraba desesperada en la búsqueda del señor perfección, que la amaría exactamente como ella requería y al cual perseguía con desespero en cafés, fiestas, páginas de citas y un largo etcétera, se topó de bruces con uno de esos ejemplares que tienen una especie de radar militar para detectar a víctimas vulnerables de la desesperación. Al tipo le bastó una salida de un par de horas para que mi paciente quedara deslumbrada y corriera a la siguiente sesión para contarme, entre estallidos de risitas bobaliconas que recordaban a un drogadicto en plena euforia de cocaína, que había terminado su búsqueda, que había dado finalmente, y después de tanto esforzarse, con "su otra mitad", que ya tenía novio y era maravilloso.

Mi paciente se quedó un poco sorprendida de mi largo silencio y tímidamente me preguntó qué opinaba, sabiendo (creo yo) la respuesta. "Mira —le dije—, me da un gusto inmenso que hayas encontrado a alguien que te cause una gran atracción, pero en realidad ¿cómo es eso de que ya tienes novio?, ¿qué sabes de él?" Ella se quedó callada un momento y respondió: "Tal vez no sé mucho pero lo que supe en esta cita es que él es el señor perfección y lo sé porque *así lo siento*". Sobra decir que los focos rojos dentro de mi cabeza se encendieron de inmediato e intenté hacerle ver con mayor claridad la situación: "Muy bien, es bueno que *sientas,* pero también lo es que *pienses*, por tanto ¿piensas que esta cita es suficiente para empezar una relación con alguien que no conoces?, quiero decir, ¡fueron solo dos horas!"

Frente a mí, mi paciente suspiró como lo hacen todas las personas cuando saben que algo de razón hay, pero se empecinan en negarlo, y entonces sucedió lo que casi siempre ocurre con los que están empapados hasta la médula con la idea de un amor desesperado, irritada me respondió un: "¡Para mí fueron suficientes esas dos horas! Cuando sientes que has encontrado a tu media naranja *no puede ser que estés equivocado*. Nunca antes me había sentido tan bien". Acto seguido se despidió.

Fin de la sesión, pero no de la historia. Durante las cinco semanas siguientes, mi paciente me comunicaba esporádicamente que todo iba viento en popa, que su novio resultaba encantador, varonil, pero misterioso. Cada vez que hacía mención de esto último solía haber un silencio, finalmente le pregunté a qué se refería y se soltó como hilo de media: "Casi no sé nada de él —me dijo—, no habla mucho de su vida, solo conozco un poco de lo que hace y lo que le gusta, a pesar de que yo le cuento todo sobre mí, él no parece muy dispuesto a hablar".

Mis peores temores empezaron a cobrar forma, mi paciente deseaba tan desesperadamente creer que había encontrado al hombre perfecto que se había entregado absolutamente, sin más razón que el latir desbocado de su corazón, a un perfecto extraño. Ella se desvivía por él, pasaba a su casa por la mañana para llevarlo al trabajo, le prestaba su auto aunque ella se tuviera que mover en taxi y llegó, incluso, a obsequiarle una valiosa y rara pintura para su departamento, un gasto que ni siquiera hacía para sí misma. Adicción y desespero total.

Para no hacer la historia larga, dos meses después de compartir su vida con ese hombre "tan interesante y misterioso", en un viaje que hicieron al extranjero, ella, preocupada por las señales cada vez más obvias de que él ocultaba algo, entró a varias de sus redes sociales y casi se infarta al darse cuenta que su señor perfección tenía, no una, sino dos novias "oficiales" aparte de ella.

Terminamos en mi consultorio, yo callado y reflexivo, y ella llorando a moco tendido.

Las personas inmersas en el amor desesperado, básicamente *aman la idea del amor romántico*, adoran la imagen magnificada y retorcida promovida en las películas y las novelas rosas. Les cuesta un gran trabajo aceptar la realidad y tienden a ser dueños de una personalidad adictiva y dependiente. Esta personalidad es necesaria debido, en primer lugar, a que la adicción les permite privilegiar el placer por encima del bienestar personal (tal como lo hace un adicto con su droga), lo que las hace anteponer cualquier cosa que el amado necesita, a ellas mismas, sin importar que en ocasiones esas necesidades vayan en contra de su propia estabilidad e integridad como ser humano; se humillan, rebajan y se traicionan a sí mismas porque eso permite que el objeto de su amor esté al alcance y les tire, de vez en vez, un pedazo de hueso tal como lo haría un carnicero con un perro en la entrada de su negocio. Y lo más terrible es que eso ¡les causa un placer increíblemente poderoso!

En segundo lugar, la personalidad dependiente del que ama desesperadamente es necesaria para que se genere la dinámica entre ambos participantes; el amante que necesita poner todo el amor que "es capaz de dar" en el otro, y el amado que también requiere de alguna manera ser el depositario exclusivo de un amor avasallante para poder mostrarse magnánimo y así otorgar el suyo a cuentagotas. Se da entonces una especie de fusión quimérica, una simbiosis (de *sym,* junto y *bios,* vida) que, en este caso, es parasitaria, algo parecido al pez rémora que únicamente se conforma con las sobras que come el tiburón y que percibe gigantesco sobre él. Solo que al igual que el pez rémora, la persona dependiente del amor desesperado corre el riesgo de ser devorada en cualquier momento ¿Otro nombre para este tipo de relación tóxica? *codependencia.*

El amor no correspondido

Su frase es: *"No importa que no me ames, yo puedo hacerlo por los dos".*

Bueno, "por siempre mientras aguante" tal vez sería otra adecuada sentencia que complete el título de este apartado. También conocido como la amistad eterna, es un tipo de relación que se da en los jóvenes primordialmente, aunque las personas adultas no estamos exentas.

Este tipo de amor se desarrolló en la época romántica Victoriana, en donde casi todas las novelas giraban en torno a la relación idílica e inalcanzable entre un hombre y una mujer; por lo regular era la dama quien no tenía interés por su enamorado, mientras este se empeñaba en conformarse con su amistad y permanecer amándola a la distancia de forma galante, en una absoluta pérdida de tiempo y recursos. Cuando llegó el siglo XX, esta creencia perversa con respecto al amor se potenció en las insanas historias replicadas en el cine y la televisión, que terminaron por desdibujar lo que tendría que ser una adecuada relación entre dos personas en el plano del acercamiento romántico.

La maravillosa y sensible, Sor Juana Inés de la Cruz, en la primera estrofa de su soneto *Al que ingrato me deja, busco amante*, define perfectamente la dinámica de este tipo de relación tóxica:

> "Al que ingrato me deja, busco amante;
> al que amante me sigue, dejo ingrata;
> constante adoro a quien mi amor maltrata;
> maltrato a quien mi amor busca constante."

Lo cierto es que un amor no correspondido es algo hasta cierto punto normal, ya que a casi todas las personas nos ha tocado padecer por alguien que no sentía lo mismo por nosotros, sin embargo, detrás de ello se esconde en definitiva un aspecto muy mal entendido con respecto a las relaciones de pareja: *la falsa idea de que el amor se conquista.*

¿Por qué esta afirmación tan contundentemente antirromántica? El amor, en esencia, es libertad, lo que quiere decir que es un hecho de elección en sí mismo y por lo tanto no puede ser exigido a cumplirse. Cada persona ama a quien desea. Como entonces el amor es un acto libre e íntimo en su decisión de llevarse a cabo, lleva inherente la calidad de voluntad, lo que quiere decir que se da o no se da. No hay forma alguna de forzarlo a aparecer. Esa es la razón por la que afirmo, que dentro de este tipo de relación tóxica, no cabe la galante consideración de que hay que luchar para conquistar el amor de una persona. Dos seres se encuentran y el amor aparece arrebatador, sublime y, lo más importante, *recíproco.*

Cuando haces lo que sea con tal de que una persona pueda considerarte digno de su amor, en automático te vuelves indigno de tu amor por ti.

Pero entonces, si no estamos inmersos en esta reciprocidad cabría preguntarse ¿cuál es la característica que nos avisa de esta situación? ¿Cómo sabemos que nos hallamos ante un amor de amistad eterna? Desde luego, y partiendo de la base de que el amor no admite coacción de ningún tipo, es fundamental saber que la no correspondencia se puede dar tanto en la pareja aún no formada como en la ya establecida. En ambos casos, el denominador común es un desequilibrio en las cantidades y costos de inversión frente a las ganancias obtenidas; el aspecto clave es tener claridad de lo que el término *pareja* quiere decir.

Cuando ambos integrantes obtienen un nivel igual o similar de réditos con respecto a su inversión emocional, las cosas marchan de manera adecuada y la pareja se establece como tal, en equidad; sin embargo, cuando esto se convierte en una disminución evidente en perjuicio de uno de los miembros, se deja de ser pareja y esta se transforma en una *dispareja*, es decir, se transforma en una quimera, una especie de monstruo de Frankenstein cuyo rasgo principal es la ausencia de equidad. Cuando esto sucede, eventualmente el miembro cuya inversión sea superior a su ganancia emocional, empezará a alarmarse y terminará por expresar, velada o abiertamente, su inconformidad; y si el otro miembro no acepta reestablecer una nueva dinámica, ambos acabarán padeciendo la relación. Así que si esto te sucede, si te das cuenta de que tu beneficio con esa persona es inferior a la inversión que realizas (de tiempo, económica o sentimental), es muy posible que estés en una relación tóxica de amistad eterna o amor no correspondido, incluso si ya estás en una relación amorosa con esa persona.

Finalmente, la pregunta reveladora es: ¿por qué este tipo de relación es tóxico? El primer problema que puede surgir es que la persona que sufre de la no correspondencia suele caer en la peligrosa y falsa certeza de que eso ha sucedido porque algo no funciona correctamente consigo misma y que, por alguna razón, lo que ella es no resulta suficientemente "bueno" para acceder al amor del otro; esta secuencia de pensamientos termina por generar una disminución alarmante en el concepto de valía personal, lo que a su vez puede incapacitar otros aspectos de su vida.

En segundo lugar, al permanecer aferrados a la idea de que con un amor de lejos y disfrazado de amistad alcanza para satisfacer nuestros deseos por esa persona, se cae en una mentira que inevitablemente terminará no siendo soportable para "el amigo conforme"; invariablemente se cruzará el límite de querer obtener algo más, pero al ser esto prácticamente imposible (una vez que se establece el vínculo con el título de *amistad* entre dos personas no hay mucho que hacer para revertirlo), lo que se obtiene a cambio es tristeza, amargura y sufrimiento.

Finalmente, el tercer punto de toxicidad es la pérdida de oportunidades, es decir, si nos encontramos enfocados exclusivamente en una persona con la que no obtendremos la recompensa romántica que deseamos, es bastante posible que estemos dejando pasar relaciones que habrían podido generarnos cosas más positivas que de la que estamos aferrados; es decir, nos quedamos en lo que Sor Juana dice en su soneto citado al principio de este apartado. Pero estas oportunidades perdidas no solamente se dan con respecto a las personas, sino también a la vida misma: trabajo, diversión, posibilidades nuevas de gozo. Recuerda que "Si de noche lloras por el sol, las lágrimas te impedirán ver las estrellas", como decía Gibrán Khalil Gibrán.

Un consejo a tomar en cuenta para evitar lo anterior es recordar que si bien estar en una relación romántica es algo maravilloso, el amor de pareja no es algo para sufrir; si en algún momento te topas con alguien que le aporta a tu existencia más desdicha que gozo, es momento de replantear si tu esfuerzo con esa persona está valiendo la pena. Otra cuestión a considerar es la importancia de poner los pies en la tierra, es decir, aprender a ser realista. Cuando te centras en lo que es alcanzable y te dejas de ensoñaciones platónicas de amor eres más capaz de evitar la incertidumbre, de poner límites y de establecer un alto a los que juegan con tus sentimientos y tu tiempo, es decir, te das a respetar. Recuerda que *quien quiera estar contigo, estará contigo sin necesidad de que "luches" por su amor.*

El amor obsesivo

Su frase es: "*¡Tu amor es solo mío!*".

En términos sencillos, la obsesión se refiere a una distorsión. Esta comienza cuando aumentamos de forma desproporcionada la importancia de una persona, un objeto o una situación. El problema elemental con la obsesión es que destruye nuestro criterio y arruina la toma de decisiones asertivas. Además, esta conducta tiende a aumentar de forma exponencial, pasando de unos cuantos momentos al día en principio, a ocupar gran parte de nuestras horas activas de manera irracional. Terminamos respirando y viviendo en el estado obsesivo.

El mecanismo de un amor obsesivo empieza de manera natural, como lo haría cualquier relación sana. Al inicio una persona conoce a otra, se enamora, piensa en ella de forma constante, enlaza fantasías en torno a un futuro juntos y eso la hace feliz. Pero con el paso del tiempo surge una serie de pensamientos nocivos que deforman el carácter normal de su conducta. Por ejemplo, y para citar el más recurrente de los pensamientos inadecuados que aparecen en la obsesión amorosa, en lugar de disfrutar la relación desde un punto de vista como: "Vamos a pasar nuestro aniversario en la playa, ¡será maravilloso!", la obsesión distorsiona eso en una especie de: "¿Qué pasaría si en ese viaje conoce a alguien más y me deja de querer? ¡No podría soportarlo!" La mente se adelanta y le confiere la calidad de certezas a creencias como son los miedos, las experiencias pasadas de abandono y las huellas de carencia afectiva, todas las cuales terminan por cerrar la pinza del pensamiento obsesivo. El resultado de esto es cambiar la experiencia del presente en pareja, por el temor del imaginado y solitario futuro que, además, es catastrófico.

Otro asunto con la obsesión por alguien —la pareja, en específico—, es el constante peligro del monstruo de los celos. Si bien es cierto que aproximadamente 40% de la población admite haber sufrido de celos sin justificación por lo menos una vez en la vida, la mayoría no ha caído en lo más bajo del espectro: la celotipia o el estado delirante y paranoico de los celos.

La celotipia que es también conocida como el *síndrome de Otelo*, por la clásica obra de William Shakespeare en donde un valeroso general moro, Otelo, se obsesiona con la idea falsa de que Desdémona, su joven y bella esposa, le es infiel con su teniente de confianza, provoca una devastadora consecuencia en quien la padece y su pareja.

Al igual que en la tragedia isabelina en donde Otelo termina por sacrificar todo lo que ha obtenido —prestigio, posición social, poder y, más importante aún, el amor—, en aras de una mentira, y mata a su inocente mujer, en la vida real el celotípico es capaz de vivir flagrantemente una realidad inventada, en donde se deja llevar por su imaginación e incluso acusa a su pareja de cosas que no son ciertas y que no pueden demostrarse, con el fin único de mantener viva esa obsesión fantasiosa.* Independientemente de que generan obsesión, los celos enfermizos son injustificados, provocan rituales en busca de comprobación y generan sufrimiento en todos los involucrados.

Hay tres tipos de celos patológicos: en primer lugar están **los celos pasionales**, que son aquellos que se originan por el temor de perder a la pareja, estos celos generan conductas agresivas y ansiosas, el celoso enloquece ante la idea de ser objeto de una "burla" por parte de su pareja.

En segundo lugar se encuentran los **celos obsesivos**, aquellos en donde predominan los pensamientos constantes de una infidelidad. Incluso aunque el celoso esté convencido de que sus sospechas son injustificadas, no puede apartar de su mente esas ideas, lo que le genera gran estrés.

---

* Si bien generalmente es aceptada la idea de que el personaje de Otelo padecía de celos patológicos, en 1996 surgió una nueva teoría por parte de Paul Crichton, médico psiquiatra del St. Thomas Hospital en Londres, Inglaterra, en el que un nueva vistazo a la obra parecen indicar que, en efecto, este era engañado por Desdémona más que por sus propias alucinaciones e ideas. En cualquier caso, el concepto de Síndrome de Otelo sigue usándose para identificar a las personalidades celotípicas. "Did Othello have 'the Othello Syndrome'?", *The Journal of Forensic Psychiatry,* 1996, Vol. 7, Núm. 1, pp. 161-169.

Finalmente están **los celos delirantes**, acaso los más peligrosos, ya que hay un absoluto convencimiento, sin que haya pruebas de por medio, de que la pareja está engañando al celoso; este tipo es el que más se ha relacionado con los crímenes pasionales, ya que hay en ellos un alto grado de paranoia y depresión. Aún ahora me sorprende —y, en cierto modo me desagrada, lo confieso— escuchar a personas que se expresan de los celos injustificados de su pareja como una prueba del amor que les tienen y de lo importantes que son para ellas. Honestamente pienso que es una equivocación total.

> Los celos desbordados no son una muestra de amor, solamente reflejan lo distorsionada que es tu idea de pareja.

En cualquier caso, el mecanismo que origina la obsesión en el amor por la vía de los celos es la incapacidad de aceptar que alguien no nos pertenece. Cuando el pensamiento de que "tu amor solamente debe ser mío" nos invade, estamos atentando contra una de las más elementales premisas de las relaciones de pareja: *el amor y la manera de otorgarlo le pertenece y es decisión de cada quien, no de terceros.* Si logramos entenderlo de esa manera, entonces daremos un paso agigantado en pos de una relación romántica más estable y feliz.

El amor arrebatado

Su frase es: *"Nunca me cansaré de estar contigo".*

En el arrebato de la conquista y en las mieles del romance, los amantes suelen hacerse hermosas promesas de amor, cuyos resultados pueden ser francamente catastróficos. Una de las más recurrentes es la que se refiere al hecho de que, pase lo que pase, siempre se estará al lado de esa persona; que sin importar las circunstancias, ya sean estas disfuncionales, inadecuadas o pervertidas, la unión se mantendrá igual que como empezó, porque "nuestro amor no cambiará". El asumir un compromiso de tal magnitud es destapar la caja de Pandora para la persona que cree en esa promesa sin que le importe nada más.*

En su controvertido pero revelador libro *Inteligencia erótica*, la psicoterapeuta Esther Perel hace alusión al asunto de las promesas eróticas, esto es, aquellas que se hacen al compañero en turno en el arrebato de la pasión, o por el nombre que todos la conocemos: enamoramiento. Perel establece pruebas bastante contundentes que pueden explicar la futilidad de dichas promesas. El sentimiento eterno es imposible que perviva por una simple cuestión biológica y es que *nuestros sentimientos no son hechos, sino traducciones que hace nuestra mente de la realidad que en ese momento estamos viviendo*; lo que quiere decir que nuestros sentimientos con respecto a algo o a alguien estarán influenciados decisiva y necesariamente por el proceso vital que atravesamos en determinado momento y, ciertamente, esos procesos son increíblemente cambiantes a lo largo de nuestra existencia. Por tanto, es casi imposible que una promesa hecha en un estado alterado de conciencia como lo es el enamoramiento, la pasión o un acceso de amor arrebatado continúe inalterable con el paso del tiempo.

---

* Según la versión de Hesíodo, el mito de Pandora se refiere a la primera mujer moldeada por Hefesto, el Dios del fuego, a imagen y semejanza de los inmortales. Zeus le otorgó a ésta una jarra que contenía todos los males del mundo para que la cuidara, pero la curiosidad de Pandora fue tan grande que la abrió de manera imprudente dejando escapar todos los males que afligen al hombre para que inundaran la tierra, dejando adentro de la jarra a la Esperanza, por lo que los humanos no la recibieron. De acuerdo a esta tradición, Pandora al igual que Eva en su contraparte judeo-cristiana, representa la perdición de la humanidad.

Aún más, como bien lo dice la autora, estas promesas al ser producto de un frenesí, pueden ir en contra de lo que están buscando amalgamar, es decir, que a la larga son más perjudiciales que benéficas para una relación y, por tanto, tendrían que tomarse con cuidado; una promesa busca generar cercanía emocional, pero con el paso del tiempo y la alta posibilidad de incumplimiento de la misma, puede hacer que se pierdan otros requisitos para el buen funcionamiento de la pareja como, precisamente, el erotismo:

> "Con promesas de sentimiento eterno (…) el amor busca la cercanía, acortar el espacio, la distancia entre dos personas, disminuir las amenazas, quiere tener. Sin embargo, el deseo es querer y para querer se necesita alguna distancia psicológica, un espacio entre uno y el otro, se necesita una alteridad. Este es el espacio erótico."
>
> ESTHER PEREL – *Inteligencia erótica*

Una total y desacertada conducta que pesa sobre los amantes es la de jurar amor eterno ¿Cómo es posible prometer con base en sentimientos y no con base en acciones? Sencillamente no hay parámetro que justifique engancharse con un compromiso de esa magnitud. Al prometer a partir de un sentimiento nos estamos arriesgando a estampar nuestra firma en un contrato en blanco, dispuestos a aceptar que el otro le ponga las cláusulas que más le convengan. Y no voy a poder apelar después porque acepté los términos *a priori*.

Míralo de la siguiente forma y analiza si te parece razonable, cuando hacemos promesas como que sin importar que pase nuestros sentimientos no cambiarán con respecto a nuestra pareja, lo que estamos diciendo a esa persona es algo así como: "Mientras yo te ame, te daré pruebas de mi amor; pero si dejo de amarte, vas a seguir recibiendo de mí los mismos actos, sin importar si ya no quiero hacerlo". Una bola de acero eterna atada a nuestro tobillo, a eso equivale hacer promesas de amor con base en emociones y/o sentimientos.

En otras palabras, para combatir los riesgos del amor arrebatado y poco razonable, nos tendríamos que centrar en promesas de actos. Los sentimientos, pese a no ser completamente involuntarios, sí están decisivamente influenciados por las emociones, lo que conlleva un grado elevado de falta de asertividad y control, por tanto su control no está tanto a nuestro alcance como en nuestras acciones, en las cuales sí podemos tomar decisiones.

DEJAR Y SER DEJADO

"Nadie se muere por amor, se muere por no saber amar"
JAIME LEAL

Hablemos de lo que sí está bajo nuestro control y en lo cual podemos decidir —una vez identificado—: qué posición tomar al respecto. Hasta ahora me he referido a aspectos generales pero muy necesarios de una relación tóxica, ahora ya es momento de pasar a cuestiones más específicas. Enfoquemos nuestra atención al hecho de que nuestra relación se haya, por ejemplo, terminado. Analicemos un poco más a profundidad el hecho de que ahora nos encontramos solos, independientemente de si deseábamos que eso pasara o no.

Una de las razones más reconocidas del sufrimiento amoroso es también una de las más difíciles de admitir por los involucrados, pero cuya identificación es pilar en la construcción de la fortaleza que podrá librarlos del mal de amores. Me refiero al reconocimiento y la aceptación del rol que se tuvo al final de la relación: el de **dejador** o **dejado**.

Lo sé, es algo difícil abordar este asunto, en particular cuando aún está reciente la ruptura. Tal vez una de las fases más dolorosas al principio de la separación es darse cuenta que fuimos el que se cansó del otro, de la relación o simplemente del camino que recorría nuestra vida en esos instantes y nos volvimos el dejador. Peor aún más es reconocer que fue de nosotros de quienes se cansaron, de nuestros esfuerzos, grandes o pequeños,

47

por mantener una relación, o simplemente fue el otro quien tuvo el valor de dar el primer paso hacia el fin, convirtiéndonos así en el dejado.

Cualquiera que sea tu caso, es imprescindible que identifiques el rol que tuviste porque es una manera directa de obtener aprendizaje y reorganizar tu vida. La mayoría de las veces, las personas suelen tratar de tapar el sol con un dedo y convencer a los demás de la forma que, según ellas, sucedieron las cosas; sin embargo, y como decía el gran poeta Mario Benedetti: "Uno no se puede vender un tranvía a sí mismo". Podremos engañar a los demás un tiempo, pero jamás podremos creer una mentira contada por nosotros mismos para siempre. Por lo tanto es importante identificar y más aún, aceptar tu papel al final de la relación para saber el camino que has de transitar. Es claro entonces que las diferencias entre ambos papeles son evidentes y mantienen patrones característicos.

El dejador: características y actitudes

Hablemos primero del dejador, quien es, por lo regular, el que va a sufrir todos los embates de la ruptura y comprensiblemente se va a volver blanco de la furia agresiva del dejado. Hay dos formas de vivir este proceso por la persona que deja. Por un lado, el que esté absolutamente seguro de su determinación y no ponga marcha atrás, sin duda alguna hará mucho más tolerable el camino. Por el otro, si debido a alguna razón (inseguridad, culpa, necesidad, etc.) no está convencido de la decisión que tomó, la separación puede llegar a convertirse en un auténtico tormento de desgaste físico, emocional y mental.

Es evidente que cuanto más larga haya sido la relación, más complicada será la ruptura, ya que los lazos que se tienen con la pareja se hacen más sólidos con el pasar de los años; además, cuando ya se ha establecido un modo de vida determinado al estar tanto tiempo con una misma persona, terminarlo de manera abrupta resulta un shock para ambas partes, convirtiéndose en una crisis. Entonces, el dejador tendrá que enfrentar tres aspectos básicos que van a influir en la manera en que abordará el proceso de ruptura de su relación.

En primer lugar, tendrá que estar consciente y aceptar que deberá aguantar la respuesta negativa de su expareja, y cuando escribo aguantar me refiero precisamente a eso. Una actitud equivocada pero muy recurrente en las personas que dejan es aplicar "la política del avestruz", es decir, prefieren enterrar la cabeza en el suelo creyendo que si hacen como que no pasa nada todo lo que está ocurriendo no sucederá más. No va a ser así. La actitud y evaluación negativa del dejado a lo que el dejador "le está haciendo" estará presente de manera constante, por lo que habrá que armarse de valor y disponerse a enfrentarlas. Aquí entra en juego la fortaleza del que deja la relación para soportar la manipulación —ya sea esta consciente o no—, que intentará hacer la otra parte, lo que le dirá cuan firme es la decisión tomada y en donde descubrirá si su determinación es tajante o endeble.

Por ejemplo, hay personas que simplemente son incapaces de ser contundentes en su resolución y dejan abierta la puerta para una posible reconciliación más adelante, lo cual sin duda trae una solución a corto plazo, pero que es efímera y peligrosa porque esa actitud lo que genera es el inicio de un mal apego, en donde se corre el riesgo de caer en el tipo de relaciones tortuosas que terminan y regresan indefinidamente, generando un círculo vicioso de reclamos, sufrimiento e infelicidad. Lo que es más difícil pero a la larga más efectivo es, pase lo que pase, mantenerse firme en la decisión tomada, aun contra todo tipo de respuesta negativa que pueda tener el dejado, porque al no haber señales cruzadas, tarde o temprano no le quedará más remedio que asumir que, en efecto, ha sido dejado y mal o bien —pero eso ya no depende más que de él—, deberá continuar con su vida.

En segundo lugar, será muy efectivo que el dejador entienda que *mientras más cambiante sea su determinación, más angustia se generará en ambas partes.* Es decir, si la resolución se toma de manera precipitada, sin haber considerado profunda y reflexivamente la decisión de terminar, es muy factible que esta no sea lo suficientemente sólida para mantenerse en un camino constante, lo que acarrea confusión porque permite que el otro mantenga una esperanza que, en la mayoría de los casos, es absolutamente vana. Paul Bourget decía que "En el amor todo se ha terminado cuando uno de los amantes piensa que sería posible una ruptura", por lo que hacer que la expareja mantenga las esperanzas porque aún no se está seguro de la determinación, no solo es un acto cobarde, sino también ruin.

Si tu decisión cambia a cada instante, aparte de entrar en las dolorosas relaciones de estira y afloja en donde ambas partes, casi todo el tiempo, se la pasan dando opiniones y argumentos para seguir o no juntas (como si esto les garantizara mejorar la relación en automático), tampoco te permite como dejador tener la claridad mental para asumir la decisión. Esto es debido a que está más que comprobado que la angustia generalizada provoca tomas de decisiones completamente erróneas en la mayoría de los casos, y esto es porque la angustia es una respuesta que obedece a lo emocional y no a lo racional.

En tercer lugar, debe preverse que lo que más trabajo le costará al dejador superar será el sentimiento de culpa, que dicho sea de paso, es el campo fértil para los ataques del dejado. Estos dos sentimientos van a aparecer primordialmente durante una ruptura: **la angustia en el dejado y la culpa en el dejador**. En el caso de este último, la culpa se presenta cuando cree que hizo algo que no debió hacer o cuando no hizo algo que cree que debió hacer, lo que le genera confusión y el pensar que es una "mala persona".

Sin embargo, es importante recalcar que la culpa surge de apreciaciones poco realistas y nada objetivas de un hecho determinado. En el caso de una ruptura es bastante común que este sentimiento llegue por querer seguir haciéndose cargo del otro, de pensar que sigue siendo su responsabilidad en cualquier nivel: físico, material, emocional…lo que en automático se vuelve un peso extra sobre su espalda. El asunto se empieza a complicar porque la expareja detecta esta tendencia de inmediato y hará todo lo posible por aprovecharse de ella, entrando al nocivo juego de la manipulación. Entonces, sentirse culpable se vuelve un talón de Aquiles que hace vulnerable al dejador y le dificulta continuar con su nueva vida acorde a la decisión por la que optó.

Lo que te diría si estás en esta posición y tu determinación ha sido pensada, asumida y llevada a cabo es que ejerzas una especie de egoísmo positivo ante la situación: primero logra lo que tú deseas y quieres, entonces, si te queda "espacio", puedes contribuir con el otro para que aligere su carga, pero *no al revés*. Y no estoy diciendo que deba de importarte un cacahuate lo que el otro esté pasando, sino simplemente que comprendas que para ayudarle a resolver sus cosas primero debes de hacerte cargo eficazmente de las tuyas porque así estarás más claro de mente y espíritu.

Otras características que suele presentar recurrentemente el dejador son:

- **Inestabilidad,** no solo con respecto a su pareja sino sobre todo con respecto a su propia vida y a su toma de decisiones, las cuales pueden ser incongruentes con respecto a lo que en realidad desea.

- **Egocentrismo**, que por lo regular implica el llamado "infantilismo cognitivo": creer, al igual que un niño pequeño, que el mundo debe estar supeditado a uno mismo y no al contrario, tal como lo dicta la lógica de la realidad; esto ocurre, cuando la mayoría de las veces, sus decisiones en pareja estaban orientadas al beneficio personal que podía obtener sin considerar al otro.

- **Empatía incompleta**, que es el extremo contrario de ejercer un egoísmo positivo; es decir, ampararse bajo el lema "Aunque ya no estemos juntos, sigo diciéndote lo que yo necesito". Cuando la relación se termina no hay necesidad de restregar en la cara de la expareja que ha sido así, es mejor alejarse y continuar con la propia vida por tu lado.

El dejado: características y actitudes

Ahora volvamos nuestros ojos hacia la otra parte. Cuando una ruptura se establece no de forma bilateral, sino por la decisión de uno de los miembros de la pareja, resulta evidente que uno de los roles será el de la persona que no esperaba o deseaba que eso sucediera; a este "abandonado", por así llamarlo, le toca asumir los sentimientos de impotencia, frustración, angustia y la incertidumbre de no saber qué fue lo que pasó.

Por lo regular, el dejado enfocará todos sus esfuerzos en intentar "resolver" o buscar alternativas que permitan al dejador reconsiderar su postura y retomar la relación. Sin embargo, esta situación resulta inmensamente desgastante, ya que surge de la imposibilidad de aceptar que la historia llegó a su fin y no hay vuelta de hoja. Y aquí también influye mucho la actitud del dejador y lo que veíamos anteriormente acerca de la firmeza de su resolución para no seguir lastimando emocionalmente expareja.

El dejado, por lo general y al igual que el dejador, atraviesa por tres claras etapas en su proceso. En primer término, **la búsqueda constante de la certeza** que le confirme si realmente la relación se acabó. Aquí la negación de aceptar lo que está sucediendo aparece como una forma para poder sobrellevar el impacto que genera la noticia. Es bastante común que durante este tiempo las personas dejadas hagan indagaciones frenéticas que les puedan arrojar luz sobre los motivos de la cruel decisión; se vuelven detectives inquisitivos con las amistades o la familia del dejador y no es raro que suelan revisar mentalmente fechas, situaciones y actitudes, obsesionándose con lo sucedido. Cuando finalmente el dejador logra conseguir algún testimonio que le aclare la razón de la ruptura, puede calmarse y reorganizarse, pero si no es así, las conductas se repetirán una y otra vez, eternizando la angustia y el sufrimiento.

En segundo lugar, se presentará en el dejado **la angustia de reconocer que es posible no volver con la pareja,** pero incluso, a pesar de comenzar a reconocer esta posibilidad, el dejado mantiene abierta la esperanza injustificada, en la mayoría de los casos, de que haya alguna posibilidad a futuro de recuperar la relación. En este sentir el tiempo es un factor determinante porque la persona abandonada sabe de manera inconsciente que mientras más pase el tiempo, mayores son las probabilidades de que la expareja no regrese; esta angustia de que el otro se piense rápidamente las cosas o, efectivamente, ya no habrá nada que hacer.

El tercer punto es **la alternancia entre estados sentimentales de amor/odio con la expareja.** Durante esta etapa, sentimientos como el enojo y la desesperación alcanzan niveles elevados debido, en gran parte, a la incertidumbre generada por la situación, dando como resultado que la pareja se vuelva el blanco continuo de ataques, reclamos y chantajes; sin embargo, esos arranques de ira se alternan con episodios de arrepentimiento, en donde el dejado busca la forma de hacerle ver al dejador el amor inmenso que siente por él y que sepa que aún está a tiempo de reconsiderar su decisión. Todo esto causa un dolor profundo en ambas partes que no saben cómo reaccionar ante todo este cúmulo de emociones y sentimientos.

Algunas otras características que presenta la persona que entra al papel de dejado son:

- **Dependencia**, más adelante veremos a profundidad que una de las principales causas del sufrimiento amoroso se debe a esta actitud, que no es más que el exceso de importancia que se le da al otro y el menosprecio de las propias capacidades y fortalezas.

- **Entrega desmedida**, esto es característico de las personas que creen firme y erróneamente que para que un amor sea considerado como tal, debe estar repleto de sufrimiento y de dar incondicionalmente sin esperar nada a cambio. Pero la verdad es que no es así porque en toda relación de pareja se hace la llamada "inversión amorosa", que se refiere al hecho de que es prácticamente imposible no esperar nada como retribución a lo que se está apostando en la relación. El problema surge cuando una de las partes asume *exclusivamente* que es el dador y la otra, el receptor de beneficios, ya sean estos emocionales, materiales o sexuales. Se crea un desequilibrio en la dinámica entre ambos participantes y eso generará malestar tarde o temprano.

- **Baja autoestima**, esto se refiere a perder la integridad frente al otro debido a la nula confianza que se tiene en las propias herramientas para enfrentar la vida, por lo que espera que sea la pareja quien se haga cargo de él. Cuando esta dice que no está más dispuesta a hacerlo, surge el temor en el dejado.

Con todo, es bastante probable que te preguntes por qué es importante identificar tu rol y para qué te serviría conocer cuál papel jugaste en la ruptura. La respuesta es que a pesar de lo difícil y doloroso que puede resultar darse cuenta de que haber sido el dejado o el dejador, mientras más rápido identifiques a cuál de los dos perteneces, *más rápida será tu respuesta de lo que debes de hacer para evitar eternizar el sufrimiento.*

Mucha gente pasa la primera parte de su duelo posruptura asumiendo un papel que no es realmente el que le correspondió en la separación. Por ejemplo, aquella mujer que pensó que había sido la dejada porque su pareja fue quien tomó la iniciativa verbal o de acción hacia la separación, pero que en realidad fue la dejadora, porque a lo largo de la relación fue ella quien se encargó de promover un alejamiento porque ya no quería estar ahí, sin embargo, nunca se atrevió a enfrentar ese hecho de forma directa; en ese caso, el que su pareja simplemente haya hecho oficial lo que ya ocurría no necesariamente lo hace el dejador. El gran ícono de arte dramático y creador del *Actor's Studio* de Nueva York, Lee Strasberg, solía usar una frase que definía muy bien lo anterior: "Tanto en la vida como en la ficción, el personaje no es lo que dice, sino lo que hace". Los hechos y no las palabras son los que hacen congruente la conducta de una persona.

Desde luego, también se hace evidente que en una relación que se termina, ambos integrantes poseerán características de dejado y dejador. Es lo que le llamo **la asunción de responsabilidades.** En cualquier caso, indagar las características que te confieren uno u otro título te hace más consciente de tus fallas y aciertos en miras de una nueva relación.

Segunda parte

Identificando patrones

LOS OCHO FACTORES DEL SUFRIMIENTO AMOROSO

"Las malas relaciones son como las malas inversiones.
No importa cuánto pongas en ellas, nunca vas a sacarles nada.
Mejor encuentra alguien en quien valga la pena invertir"
SONYA PARKER

Es momento de pasar a los factores que directamente inciden en el llamado mal de amores. En cierto modo, y como yo lo veo, el sufrimiento amoroso de la actualidad tiene uno de sus orígenes más profundos en una pura cuestión de semántica: *el hombre busca desesperadamente encontrar una clase de mujer que ha dejado de existir, mientras que la mujer busca con denuedo el hallazgo de un tipo de hombre que aún no existe.* Esta confusión y la no aceptación de los cambios generados en la psique masculina y femenina con el paso del tiempo, es decir, de los modernos estándares que rigen la vida de las personas, particularmente desde la última década del siglo XX y los albores del actual, provocan una infelicidad constante en cuanto a las relaciones intra e interpersonales. Dicha falta de bienestar y funcionalidad es claramente evidenciada en una serie de factores que determinan, en gran medida, la dinámica que se genera dentro de una relación romántica, sea esta de amantes, novios o esposos y que son los causantes directa o indirectamente, ya sea por desconocimiento o de un mal entendimiento de ellos, del sufrimiento amoroso.

A lo largo de esta segunda parte expongo estos factores, que considero fundamentales, de forma tal que puedan ser fácilmente identificados en cada persona o en su pareja. Asimismo, ofrezco una serie de posibles soluciones en el caso de que te reconozcas en una o más de dichas circunstancias.

Pero, ¿cuáles son estos factores? Bueno, con seguridad ya has escuchado hablar de algunos de ellos, sin embargo, estoy convencido de que otros serán nuevos e, incluso, sorprendentes. Unos se derivan, como en el caso del miedo a la soledad o de la victimización, de presiones sociales que nos obligan a creer sin cuestionar y a seguir el dogma establecido, aunque muchas veces esto actúe en contra de nosotros mismos. Otros, como las fallas en la autoestima, la codependencia, el apego y el chantaje se originan en aprendizajes infantiles, muchas veces provenientes de nuestro entorno familiar, mismos que crean patrones de pensamientos y, por tanto, de conductas, que dejaron de ser funcionales y nos vemos en la necesidad urgente de enfrentarlas, replantearlas y modificarlas. Finalmente hay algunos más, como la venganza o la adicción/obsesión, que detonan a raíz de cuestiones, en gran parte biológicas, y que sin embargo, son susceptibles al control y al cambio por parte de quienes los padecen.

No obstante, el asunto va más allá de una simple enumeración de dichos factores, el objetivo es que obtengas herramientas claras para, en el caso de estar padeciéndolos, enfrentarlos y, eventualmente, modificarlos. Desde luego que aparte de estos aspectos hay otros más, pero revisarlos todos sería tema que daría para otro libro, por tanto, he intentado plantearte los más recurrentes en las relaciones de pareja. Estos factores se pueden presentar en el momento de estar con alguien, pero también cuando la relación ya se ha terminado, e incluso, pueden presentarse en forma de ideas y creencias distorsionadas en la mente de quien los padece, antes de empezar un compromiso con otra persona.

También es importante que sepas que es bastante probable que no presentes exclusivamente un factor, sino que con seguridad podrás identificar a más de uno en ti, tu pareja o tus relaciones románticas; sin embargo, también es posible que haya uno que domine los pensamientos, sentimientos y conductas por encima de los demás. Y, desde luego, el que te identifiques con alguno no necesariamente significa algo desastroso porque aunque haya sido así en el pasado, es decir, que si haberle sido fiel a ese tipo de actitud te provocó más perjuicio que beneficio, estás siempre a tiempo de cambiar hábitos disfuncionales. Comencemos a desentrañar los ocho factores del sufrimiento amoroso.

I. EL AGENTE QUÍMICO: VIVIR EN ADICCIÓN Y OBSESIÓN

"El amor romántico es una adicción"
HELEN FISHER

El diccionario de la Real Academia Española da la siguiente definición de adicto: "Dedicado, muy apegado, inclinado. Persona que está dominada por el uso de alguna droga". Ahora veamos lo que dice el mismo diccionario de la palabra amor: "Sentimiento muy intenso del ser humano que, partiendo de su propia insuficiencia, necesita y busca el encuentro y la unión con otro ser". Entonces, si tomáramos ambas definiciones y las juntáramos, quedaría algo más o menos así: *persona apegada a un sentimiento muy intenso, que necesita y busca la unión con otro ser y eso la domina como una droga.* Contundencia absoluta en unas cuantas líneas.

La adicción hacia una cosa, persona o situación es bastante recurrente en aquel individuo que cree de manera errónea que lo que le provoca placer (en este caso el amor romántico), es inacabable. Entonces, un adicto al amor es alguien que está involucrado de manera poco o nada funcional con otra persona, que puede estar obsesionado con la idea de cuidar de ella y dominado por el temor a perder esa fuente inacabable de placer.

El gran problema con este tipo de unión estriba en que, mientras que en una relación sana y madura, ambos integrantes saben que a pesar de ser una misma unidad —la pareja—, siguen siendo entes individuales; en la relación de adicción las personas buscan fundirse completamente con el otro, por lo que es necesario que reciban gratificaciones emocionales intensas y constantes, en el mayor de los casos, nada funcionales, para que se mantenga el vínculo entre las partes.

El psicólogo Stanton Peele fue el primero en usar el término adicción enfocado a las relaciones de pareja. Peele, básicamente cuestionó lo que hasta entonces se creía una verdad evidente del proceso adictivo: que el agente externo en sí era lo que de forma exclusiva lo provocaba. Al hacerlo llegó a la conclusión demoledora de que *el elemento activo no estaba en la sustancia, sino en la persona que era adicta.*

Pero Peele fue aún más lejos, se atrevió a elaborar una audaz teoría que sostiene la noción de que las personas que se hallan en ese estado "(…) carecen de autoestima y dudan de su lugar en el mundo, no tienen familia ni relaciones amistosas ni un objetivo que les motive en la vida. En su infancia han sufrido algún tipo de déficit afectivo en cuanto a la confianza por parte de sus padres, sobre la oportunidad de comprometerse con otra persona y la capacidad para hacer amigos".* En el caso de una relación amorosa el agente de adicción adquiere la figura de una necesidad compulsiva, incontrolable y obsesiva por mantenerse unido al objeto de deseo.

Pero la adicción a algo, en este caso a otra persona, *no es una causa, sino un resultado.* Es decir, para llegar al estado adicto en el amor, primero se han de cubrir ciertos pasos que nos acercan a ese grado de perdición de, con y para el otro. Y es aquí en donde empiezan a gestarse las elecciones, no solo de pareja, sino también las que nos llevarán a ella.

Es claro pues, que las afirmaciones anteriores de Peele son por sí solas bastante contundentes, sin embargo, en este mo-

---

* Peele enunció su teoría por primera vez en 1975 en su libro *Amor y adicción.* A pesar del tiempo transcurrido, las bases de este proceso no han cambiado.

mento me parece necesario señalar algunas peculiaridades extra del camino que lleva a la formación de una adicción amorosa.

En primer lugar, aclaremos que toda adicción amorosa tiene su señal más clara cuando el adicto muestra reiteradamente una incapacidad para poner fin a una relación dañina. Incluso, aunque las características nocivas de dicho vínculo salten a la vista y la persona sea consciente de forma lógica y racional de ello, su parte emocional le impide romper con lo que claramente le perjudica.

Pero, ¿por qué algunas personas se vuelven adictas a sus parejas? Esto se debe a que, en general, tienden a presentar ciertas características relacionadas con la personalidad obsesiva, lo que quiere decir que suelen repetir una y otra vez los mismos patrones de comportamiento en busca de lo que aparentemente les causa placer amoroso. Algunas de estas características son:

- La elección constante de parejas disfuncionales con patrones de conductas similares como pueden ser: la falta de compromiso, las personalidades narcisistas o codependientes.

- Incapacidad recurrente para identificar los errores y aceptar los defectos de su pareja (el famoso "amor ciego").

- Tendencia a tratar de justificar una relación que es conflictiva, a través de medios compensatorios como el sexo, el dinero o la protección física.

- La necesidad de buscar "drama" en su vida, como si eso fuera un requisito para sentir que el amor es real. Esto les hace creer que son normales los vaivenes drásticos y poco sanos de una relación adicta y obsesiva.

- Presentan una dificultad extrema para imaginarse una vida sin su pareja, por lo que no se separan de ella pase lo que pase.

Es imprescindible recordar que gran parte de lo que denominamos amor en realidad es producto de una serie de reacciones químicas que suceden en nuestro cerebro y que liberan cantidades sin precedente de hormonas al torrente sanguíneo. Esto produce, durante un cierto tiempo, una sensación de bienestar tan intensa e impactante que la persona se niega rotundamente a prescindir de ello y busca alargar lo más posible lo que la hace sentir "dichosa", aunque cada vez necesite más y más cantidades de esa sensación. Así que si a una personalidad emocionalmente tendiente a la repetición de forma obsesiva de patrones de conductas y pensamientos, le sumamos el coctel químico, se puede explicar cómo la gente comienza a volverse adicta al amor. Esto es lo que la psicóloga Dorothy Tennov llamó *limerencia* (una especie de locura romántica que nos impide pensar en cualquier otra cosa que no sea la persona objeto de nuestro amor). Adicción en su más pura esencia.

Fue en su libro *Love and limerence: the experience of being in love*, en donde Tennov define a la limerencia como "un estado involuntario interpersonal que implica un deseo agudo de reciprocidad emocional; pensamientos, sentimientos y comportamientos obsesivo-compulsivos y dependencia emocional de la otra persona". También hace alusión a que este proceso suele presentarse más frecuentemente en algunos tipos de personalidades que en otras; de acuerdo a la autora, son precisamente las personalidades obsesivas las que suelen perder de forma más fácil "la cabeza por amor", por decirlo de alguna manera.

Por lo regular, la limerencia no suele diferenciarse mucho de lo que ocurre en un enamoramiento normal: sudores, agitación, aceleración de la frecuencia cardíaca… cuando estamos en presencia del amado; sin embargo, en ocasiones esta normalidad se pasa a un estado más cercano a la afectación psicológica. Cuando una persona reduce su mundo a un determinado ser, haciendo que todo gire en pos de conseguir estar solamente con él, y eso hace que se olvide del resto de su vida como son las cuestiones familiares, sociales, laborales y personales, podemos hablar de limerencia o "adicción al amor".

Casos de esta adicción-obsesión amorosa los podemos encontrar a montones en la literatura; un buen ejemplo lo constituye la historia de Isabel y Diego o Los amantes de Teruel, en donde él se obsesiona con ella de tal forma y está tan atrapado en la adicción por sus labios que muere de un suspiro al negarse ella a besarlo después de su retorno de la guerra.

Entonces podemos decir que el amor posee sus motivos para desplegarse de una u otra forma y que dichas razones influyen de manera notable en la elección de la pareja. A continuación veremos algunas de estas "razones del amor".

Las razones del amor

En su poema *El fénix y la tórtola*, William Shakespeare simplemente resume así las causas que nos llevan al vínculo amoroso:

"La razón del amor es que carece de razón,
si así puede unirse lo separado."

Y es innegable que tiene un dejo de verdad. La maestría del Cisne de Avon fue capaz de encerrar en una frase tan escueta todo el poderío de este inmenso sentimiento. Sin embargo, a pesar de que, en efecto, muchas veces el amor parece no tener una razón evidente, esto no es del todo cierto. Cada uno de los procesos amorosos por los que atravesamos a lo largo de nuestra vida tiene razones bastante específicas, y conocerlas nos acerca a una mejor gestión de nuestras elecciones vitales, ya sean románticas, laborales o afectivas. Dicho en otras palabras, ¿alguna vez te has sorprendido preguntándote por qué tus relaciones "siempre" terminan de la misma forma? O ¿por qué eliges "siempre" al mismo tipo de pareja?

La respuesta a ambas interrogantes es que todos los seres humanos tenemos en nuestras historias de vida patrones recurrentes que hemos aprendido y adoptado como propios en algún momento determinado; mientras no seamos capaces de identificar dichos patrones no es posible romper con ellos. De ahí que tendamos a repetir nuestras elecciones aunque, en ocasiones, dichas elecciones no nos favorezcan o abiertamente nos perjudiquen.

Estas causas que, como en el caso del amor romántico, nos guían provocando que nos enamoremos de ciertas personas en particular, aunque a veces claramente sean relaciones que no nos convengan, han sido motivo de escrutinio por mucho tiempo. ¿Cuáles son los aspectos que terminan de decidir la elección de pareja? Se ha demostrado que nuestro cerebro se encuentra de cierta forma "preprogramado" para estas elecciones con mucha anticipación. Aquí son decisivos ciertos recuerdos infantiles que delinean los contornos de algunos mapas mentales —que no son más que moldes concretos de circuitos neuronales—, y que van a provocar que nos enamoremos de un tipo determinado de persona. Incluso algunos investigadores han lanzado la reciente y temeraria teoría de que uno de los motivos de que una persona se sienta atraída por otra en particular se debe a que ambos miembros comparten algún tipo de información genética, más específicamente los llamados marcadores genéticos, que son segmentos de ADN con una ubicación exacta e identificable en un cromosoma y cuya herencia genética se puede rastrear.* Aunque esta teoría se encuentra en ciernes, no deja de ser bastante interesante porque esto puede

---

* ADN son las siglas de Ácido Desoxirribonucleico que es, básicamente, la molécula de la vida en los seres humanos.

explicar, en cierto modo, la causa a la que aludía Shakespeare en *El fénix y la tórtola.*

Evolutivamente hablando es un hecho extensamente aceptado que una de las explicaciones recurrentes en la elección de pareja es que trata exclusivamente de supervivencia y mejoramiento de la especie. De esta forma los hombres tienden a seleccionar mujeres jóvenes y bellas que representan un signo de fertilidad, mientras que las mujeres eligen hombres fuertes y saludables, que para ellas adquieren el estatus de protección.

Desde el punto de vista psicoanalítico, Sigmund Freud hace una declaración contundente en su libro *Introducción al narcisismo y otros ensayos,* ya que según el padre del psicoanálisis: "La elección de una pareja se basa en uno mismo. Se ama lo que uno es en sí mismo; lo que uno ha sido; lo que quisiera haber sido; a la persona que fue una parte de la misma persona; o a la cualidad que uno quisiera tener". O lo que es lo mismo, uno se termina enamorando de su propia persona, incluso de sus carencias.

Por su parte, en la terapia sistémica se hace alusión a modelos parentales, es decir, cada miembro va a tender a buscar una réplica, lo más cercana posible, a lo que vio y vivió en su temprana infancia con el progenitor del sexo opuesto, por lo que no es raro ver a mujeres u hombres con parejas muy similares a su padre o madre, no solo en conductas, maneras de pensar o creencias, sino incluso hasta en los rasgos físicos. Y esto es así porque, hayan sido funcionales o no dichos modelos, es lo que la persona aceptó —en un nivel emocional muy profundo— como lo que tendría que ser la pareja.

Otra causa que determina con quién nos emparejamos, y que afecta en particular a los jóvenes, son la imágenes que nos bombardean en la vida cotidiana. Por medio de la publicidad, el cine o la televisión somos sintonizados en el aspecto "adecuado" de lo que tiene que ser una pareja y, por ende, el amor.

Esto, desde luego, no es algo nuevo —aunque las redes sociales lo hayan hecho viral—, la propagación de estos estereotipos se puede rastrear desde hace siglos en la influencia ejercida por los cuentos de hadas, las canciones románticas y las historias de amor bellamente adornadas de los poetas.

Sean cuales sean las causas (seguramente una combinación de varias) por las cuales escogemos a una determinada persona para amar, lo cierto es que por sí solas estas no nos hacen propensos a un tipo de relación en particular, pero sí empiezan a dar forma a las características dominantes de esta, lo cual puede acercarnos o alejarnos de padecer una adicción amorosa.

Por ejemplo, supongamos que una persona se enamora porque ha estado sumergida siempre en la creencia de la que hablamos líneas arriba: que es una salvadora de los conflictos, vicios o fallas del otro o, en caso contrario, que necesita ser salvada de su soledad, de su falta de afecto, de su miedo, etc. Esta persona tenderá inevitablemente a buscar a alguien que le permita desplegar todas estas ideas y poner en práctica sus creencias, por lo cual la pareja buscada tendrá que tener características muy particulares como, entre otras, un inadecuado conocimiento de sí misma, baja autoestima, problemas con adicciones para que pueda ser rescatada o, por el otro lado, ser controladora, dominante o insegura y necesidad de encontrar a quien rescatar. En ambos casos el resultado es el mismo: empieza a generarse una adicción a ciertas conductas que desquician y necesitan "enmendarse". Y como en toda adicción, siempre se tiene la necesidad de más de aquello que nos da placer, aunque sea un placer malsano.

Tipos de adicción

Lo revelador, desde mi punto de vista, no es la manera en que elegimos enamorarnos primero y amar después, sino en qué momento nuestros patrones nos acercan peligrosamente a una adicción amorosa poco funcional y hasta peligrosa para nosotros mismos. Y aquí aparece un síntoma característico que pone en evidencia el grado que posee el adicto al amor: la obsesión.

Existen tres tipos de adicción que generan obsesión en los procesos interpersonales y cada uno de ellos tiene características muy definidas. Lo que llama la atención es que dos de estos procesos están directamente ligados a la relación de pareja. Estos tres tipos pueden presentarse incluso en conjunto y a veces se entremezclan provocando un trastorno obsesivo aún más grave.

Adicción/obsesión a una persona. En este caso, la persona motivo de obsesión puede ser cualquiera, no necesariamente la pareja. Ya sea que se trate de un hijo, un padre o un amigo, el sentir prevalente es el de *posesión*, es decir, la creencia de que el otro debe someterse por completo a la voluntad del adicto en cuanto a forma de ser, de pensar e, incluso, de sentir. En la persona obsesionada hay una falta de independencia y mucho egoísmo disfrazado de amor y preocupación. En realidad se trata de una forma de ejercer control porque el adicto/obsesivo no tolera la idea de que el otro se exprese libremente como individuo, ya que eso provocaría —según él—, que se aleje de su lado. Pero esta actitud va en contra de la lógica humana, ya que cuando alguien es importante para otra persona, la tendencia natural para demostrar adecuadamente su amor es permitiendo que ese ser se desarrolle de forma independiente a uno mismo, un ejercicio que intuitivamente realizan de forma constante los padres emocionalmente estables.

El problema con este tipo de adicción/obsesión es que no permite la autorrealización por partida doble, lo cual acarrea una gran infelicidad. Por un lado, se impide el despliegue de todo el potencial de la persona con la que se está obsesionado, no se le deja hacer lo que desea porque por lo regular esto se contrapone a las ideas del adicto/obsesivo, causando un choque constante entre ambas partes y también un estado de amargura permanente; muchos de los pacientes jóvenes que llegan a consulta cargan con este tipo de obsesión por parte de padres emocionalmente inestables que, en su afán de ejercer "bien" su papel, cruzan el límite de dónde debe llegar la responsabilidad de guiar los pasos de sus hijos, transformándose en controladores obsesivos y adictos.

Por otra parte, al estar inmerso en una dinámica de este tipo, el adicto/obsesivo se dará cuenta de que en realidad es incapaz de controlar lo que el otro es o hace, pero *se negará a aceptar esta realidad* y aquí está la clave de este tipo de conducta. El resultado de esta forma de pensar y comportarse es que sentirá un alto grado de frustración, desesperación y, eventualmente, resentimiento en contra del otro, lo que lo hará estar en una situación permanente de sufrimiento y no podrá desarrollar su vida de manera funcional.

Adicción/obsesión a una relación. Existen personas que están intensamente apegadas a la idea de mantenerse en una relación de pareja. Simplemente no pueden pasar tiempo con ellas mismas porque no se sienten completas a menos que estén con alguien más. El asunto aquí es que este tipo de adictos/obsesivos viven encadenados a *la idea de tener pareja* más que a estar con una persona en particular, lo que quiere decir que, inmersas en un mundo de ensueño de lo que significa para ellos estar en una relación, dejan de ver la realidad. Para este tipo de adicción lo que importa es la imagen de pareja, sin importar la "calidad o capacidad" de la persona que la forme con ellos.

Es decir, no importa si se llama Octavio, Joaquín, Aníbal, Ana, Claudia o Susana, el asunto de la obsesión no es detonado por la persona en turno, sino por la idea de pareja que se tiene en la mente. El resultado de quedarse con esta imagen inalcanzable y no con la real es que cuando su relación no cumple con los parámetros que *ellos tienen acerca de lo que debería ser su* "historia de amor", inmediatamente saltan a la siguiente y esperan que se asemeje más a la que tienen en la cabeza. El problema está en que mientras más buscan alcanzar este ideal de relación, esta más se aleja de ellos. Y es porque no toman en cuenta lo fundamental: *una relación es de dos personas.* Por tanto, niegan la posibilidad de que su pareja tenga una concepción de lo que es el amor o de la dinámica de una relación distinta a la que ellos poseen. Se podría decir que, en lugar de una pareja equitativa, estas personas buscan esclavos que satisfagan lo que ellas han decidido que debe ser una relación.

En estos adictos/obsesivos se presentan dos tipos de conductas básicas: los que rompen para comenzar de inmediato una nueva relación y los que están enganchados a una persona en concreto. Como veíamos, la primera está permanentemente empapada de un ideal romántico y si la relación no cumple los requisitos, simplemente emprenden la huida, muchas veces pudriendo ellos mismos el vínculo, para tener la oportunidad de empezar de nuevo, lo más rápido posible, esa interminable búsqueda de su mítico y alegórico Santo Grial amoroso. En el segundo caso, las cosas son un poco más complejas y desgastantes, ya que aquí el adicto/obsesivo se aferra con uñas y dientes a los efectos reforzantes de su relación, es decir, se mantiene en una situación de apego constante que lo lleva a terminar y volver a la misma relación disfuncional infinidad de veces. La mayoría de estas parejas se basan en un amor-odio, y a veces más en odio que en amor.

Adicción/ obsesión al romance. Básicamente estos adictos están enamorados de la idea del amor. Para ellos es fundamental vivir intensamente la adrenalina del momento, esa aventura que desemboca en la pasión; por lo tanto, el placer más grande para estas personas es el disfrute de los rituales del amor: las citas, las cenas, los primeros encuentros sexuales, etc. Constantemente están buscando el despliegue de la seducción, necesitan conquistar todo el tiempo para mantenerse dentro de su ideal romántico que se crearon desde mucho tiempo atrás. De hecho, hay un término para referirse a estos adictos: *enamorahólicos*.

Tirso de Molina hizo una aportación única en el retrato de este tipo de personalidad enamorahólica al escribir *Don Juan Tenorio*. Basada en un antiguo mito, la figura de Don Juan refleja fielmente a un adicto/obsesivo con el romance: un ser inmaduro, dominado por su infantilismo cognitivo y su escaso compromiso.* Paradójicamente es en esta conducta en donde radica el motivo de la infelicidad de estos personajes, porque si bien este ideal romántico los mueve a buscar esa "relación perfecta", también provoca una frustración al no lograr que sus parejas estén a la altura, por lo que necesitan tener varias relaciones al mismo tiempo con la esperanza de que esa fuente de placer no se agote nunca, siempre esperando como el colibrí que la flor vecina sea mejor. El resultado de esto son una fuerte soledad e insatisfacción afectiva.

¿Cómo empezamos a ser adictos?

Al usar la expresión "adicto al amor", en realidad se está haciendo más que una mera especulación poética.

Nuestro organismo está rigurosamente controlado por cuestiones biológicamente programadas para hacerlo más funcional dependiendo de cada circunstancia. Una multitud de reaccio-

---

* Si bien el mito de Don Juan hace una clara alusión a un caballero conquistador, actualmente también puede verse este mismo tipo de conducta tanto en hombres como en mujeres, por lo que esta adicción/obsesión es aplicable para ambos géneros.

nes químicas y físicas nos mantienen en un estado constante de actividad vital; sin estas reacciones nuestra existencia se tornaría en algo sumamente caótico. Y, desde luego, los procesos del enamoramiento y del amor no escapan a estas reglas.

Nos sentimos atraídos por alguien debido, en gran parte, a su aspecto físico, pero también —aunque resulte difícil de creer—, por sus secreciones. Un conjunto de moléculas llamadas feromonas cuyo objetivo es, por decirlo de alguna forma, convertirse en el perfume del amor, juegan un papel fundamental.

Las feromonas están directamente implicadas en el reconocimiento de la futura pareja; estimulan nuestro cerebro, en específico la zona de la glándula pituitaria o hipófisis, que es la que se encarga de segregar cantidades importantes de hormonas estimulantes a todo el sistema nervioso central. Algunas de estas hormonas provocan reacciones que tienen que ver casi en exclusiva con la atracción sexual, la excitación y la felicidad. Entonces, ante la presencia de la persona que activa este mecanismo se desparrama una cascada de reacciones, químicas primero y físicas después. Las dos más importantes son la generación de serotonina, que provoca que nos sintamos energéticos, felices y audaces, y la producción de oxitocina, que estimula zonas del córtex cerebral que nos hacen sentir emociones gratificantes como la alegría, la empatía y el compromiso. Y así de sencillo es como se explica, a grandes rasgos, por qué nos sentimos tan atraídos por una persona en específico: su presencia estimula nuestra química.

Todo esto provoca una especie de intoxicación que deja a nuestro organismo "drogado". ¿A quién no le gusta sentir que flota entre las nubes ante la presencia del objeto amoroso? Sin embargo, no todo es miel sobre hojuelas. El asunto se empieza a complicar cuando, como en toda adicción, la persona empieza a necesitar cada vez más de aquello que le causa placer, por lo que busca obtener dosis más elevadas con mayor frecuencia.

Durante el proceso de enamoramiento (recuerda que en esta parte aún no es amor) se ha podido observar, mediante resonancia magnética, que las regiones que más se activan en el cerebro son el área tegmental ventral y el núcleo caudado, *las mismas que reaccionan cuando hay una adicción a sustancias como las drogas o el alcohol.* En resumen, los síntomas de estar enamorado son los mismos de estar drogado: euforia, temblores, palpitaciones, cambios de humor súbitos, ansiedad y alteración de la frecuencia respiratoria, entre otros.

Desde luego la explicación anterior se refiere a la parte química y física, pero entonces ¿qué sucede con la cuestión emocional? En realidad hay todo un ciclo por el que pasa el adicto amoroso y que tiene etapas muy marcadas. A continuación se describen esas seis fases que puedes ver en el esquema de la figura 3.

1. Como ya expliqué, al principio se da la química, ese flechazo que atrae irremediablemente al adicto hacia una persona que, en apariencia, es alguien espectacular, pero que más adelante se va a revelar con carencias muy específicas para el tipo de adicto que lo ha elegido.

2. Conforme se va desarrollando la relación, el adicto empieza a disparar al cielo todos sus ideales románticos y cae en la fantasía del encuentro con el señor o señora "perfección"; sin embargo, esto no es como el adicto cree, solo está viendo la imagen magnificada que se hizo de una persona, lo cual le impide ver la realidad del que está a su lado; y esta creencia distorsionada provoca, a su vez, que la emoción se vuelva extraordinaria al creer que deja el dolor en el pasado y ahora es valorado y nuevamente querido. Esta situación placentera es la que provoca la adicción.

Figura 3: El ciclo del adicto amoroso.
(Derechos reservados. Vicente Herrera-Gayosso. 2015).

3. Sin embargo, llega un punto en la relación en que el adicto comienza a caer en cuenta de que su pareja no es el ser maravilloso que había idealizado, provocando entonces que el dolor, la amargura y la decepción afloren, en ocasiones, brutalmente. Y es precisamente en esta parte del ciclo en donde el adicto siente la urgente e imperiosa necesidad de desplegar estrategias que cree que provocarán que la pareja se ajuste a su imagen ideal.

Desafortunadamente, casi siempre estas estrategias toman la forma poco funcional de reproches, chantajes, manipulaciones, discusiones, escenas de celos, etc. Aquí se dispara una alarma en la mente del adicto, la que le dice que el otro puede dejarlo en cualquier momento, sus temores al abandono reaparecen y con ello el padecer en la relación. Puede ser que en este momento busque manipular a su pareja, investigar con los amigos o hablar con su familia, ejerciendo una especie de control desaforado al darse cuenta que el otro no encaja con la idea de perfección que él se había vendido a sí mismo.

4. Llegado este momento es la pareja quien toma cartas en el asunto. Como veremos un poco más adelante, casi siempre un adicto al amor busca a una persona que sea adicta a la evitación, por lo que esta, al darse cuenta de lo que está pasando, cambia su respuesta para evitar comprometerse, lo que provoca su huida y establece señales claras de su distanciamiento.

5. El adicto amoroso nota esta reacción en su pareja y de inmediato descubre que ahora hay algo más importante para ella que él, lo que hace que la relación termine por volverse una tortura absoluta. Y es cuando las heridas infantiles por el abandono de alguien importante, en aquél entonces, se traen al presente. Al adicto no le queda más remedio entonces que aceptar la idea terrible de que está siendo dejado de nuevo, lo que provoca primero una lucha desesperada y, al aceptar que llegó el fin, una especie de período de abstinencia, similar a la desintoxicación de un drogadicto.

6. Este período es muy intenso y puede derivar en dos resultados: el primero es que la persona logre sortear esta

etapa, se reconozca, trabaje consigo misma y se recupere con un nuevo aprendizaje obtenido. La segunda posibilidad, que es la más recurrente, es que su necesidad por el placer del amor y la relación provoquen que se obsesione con la idea de que su pareja regrese y, de no ser así, buscar la manera de hacerle la vida miserable, con amenazas de suicidio, agresiones y un sinnúmero de otras acciones. También aquí cabe la posibilidad de que el adicto, al darse cuenta que no hay forma de hacer "reaccionar" a su ex, busque la salida más fácil de todas: sacar un clavo con otro. Y entonces, el ciclo comienza de nuevo pero con alguien más.

El adicto a la evitación

Para finalizar, y como decíamos anteriormente, para que el ciclo de un adicto al amor esté completo tiene que haber una contraparte que enganche, aliente y potencie estas conductas. Cuando esta aparece, la unión simbiótica y parasitaria entre ambos termina por concretarse, lo que a la larga genera sufrimiento y codependencia. La contraparte de alguien que padece adicción amorosa es el **adicto a la evitación** o, usando términos más psicológicos, una personalidad con apego evitativo.

La circulación correcta de energía en las relaciones padre/hijo es que los primeros atiendan emocionalmente a los segundos y no al contrario; cuando esto no es así, es decir, cuando es el hijo el que se encarga emocionalmente del padre, se puede llegar a crear, con el tiempo, una defensa por medio de la evitación. Un adicto a la evitación es, en esencia, una persona que es incapaz de comprometerse. Y aquí no solo hablamos del compromiso en una relación, sino de cualquier tipo de obligación que le genere una responsabilidad, algo que el adicto confunde con control. Esta adicción puede desarrollarse con la pareja, la familia, el trabajo y otros ámbitos de su vida.

Lo que hacen este tipo de personalidades es simplemente reflejar de adultos, una característica que los acompañó de niños: *el haber sido usados,* por la necesidad de amor de uno de sus padres al ser ese progenitor abandonado/rechazado por el otro padre, como fuente excesiva de atención, compañía y cariño; algo que debió haber sido a la inversa. Esta gran responsabilidad agobia de forma tal al pequeño que cuando crece se va al polo opuesto, al de la evitación, y lo hace como una manera de escapar del control, el compromiso y la intimidad porque cree que se aprovecharán de él al exigirle llevar una carga con la que no podrá cumplir, ya que es demasiado grande —emocional y mentalmente hablando—, tal como lo hicieron en su infancia. Así como en el caso del adicto amoroso que fue abandonado/rechazado por una figura importante, el adicto a la evitación, al ser usado emocionalmente por quien debió atenderlo, de alguna forma también fue abandonado, porque mientras cuidaba a uno o ambos padres, no había nadie que lo cuidara a él.

Este tipo de adicción genera en una persona que la intensidad de una relación le parezca agobiante y, como consecuencia, también la intimidad, por lo que se aísla, esconde información al otro y evita darse o descubrirse interiormente, ya que así es como siente seguridad. Y esto se da, a su vez, porque al igual que el adicto amoroso tiene miedo tanto de la intimidad como de ser abandonado. Al final, es este último el que lo mantiene en una relación y que le impide convertirse en un ermitaño.

La "gran trampa" está en que inevitablemente un adicto amoroso se sentirá poderosamente atraído por un adicto a la evitación y viceversa. Y ¿por qué esto es así? Porque sus temores se complementan. Por un lado, al adicto al amor puede parecerle inconcebible la idea de caer con un evitativo, es decir, ¿quién puede ser mejor abandonándolo que alguien así? Sin embargo, termina convenciéndose de que esta vez logrará cambiar eso y obtener amor, aprobación y cuidados, lo que no sucedió con la figura de autoridad que lo descuidó en su infancia. Con el evitativo pasa, por otra parte, que una de sus mejores defensas en la relación es la de levantar barreras, ya sean estas de enojo, de incomunicación, de alejamiento físico e incluso, de amabilidad o madurez emocional. Estas barreras le sirven para protegerse, y al mismo tiempo, provocan en el adicto al amor la sensación de inconstancia que lo vincula porque lo regresa a su temor al abandono, lo que provoca que caiga en una especie de adoración hacia el evitativo, cosa que este último disfruta enormemente y lo mantiene atado a la relación.

En la siguiente "tabla-radar" puedes apreciar algunas de las características de una personalidad con adicción a la evitación. Estas señales se hacen muy evidentes particularmente después de los primeros contactos. La forma más adecuada para romper un vínculo amoroso/evitativo es reconocer que las carencias de cada quien son individuales, y que no es el otro quien va a poder resolverlas, sino tú mismo. En una relación de este tipo, la pareja, en el mejor de los casos, solo podrá aspirar a ser como una especie de bálsamo reparador —aparentemente—, pero nunca una cura o solución permanente a las propias fallas emocionales.

Usando tu radar

Ahora aprende a reconocer las características de un adicto a la evitación. Estas señales aparecerán, por lo regular, tras los primeros encuentros:

- Suelen evadirse cuando creen que la relación se está poniendo más intensa y comprometedora.
- Levantan muros que impiden a su pareja conocerlos de forma más profunda e íntima.

- Con frecuencia buscan aislarse por medio de otro tipo de adicciones: drogas, alcohol, televisión, deportes, pasatiempos, trabajo, otras relaciones, etcétera.

- Creen en la idea de que el compromiso dentro de una relación implica que los controlen; no entienden que una relación sana puede curar una experiencia de abandono.

- Tienen temor a la intimidad pero también a ser abandonados, lo que provoca que se mantengan apegados de manera tóxica a alguien, incluso cuando no se comprometen del todo con esa persona.

Cinco recomendaciones importantes

Recuerda que:

1. Nuestra mente está preprogramada, por decirlo así, a la adicción. La defensa ante esto es mantenernos alertas cuando se presenten las señales de que estamos cayendo en la necesidad de algo o alguien más allá de los límites sanos y funcionales. No olvides monitorearte constantemente.

2. Si bien el amor como sentimiento carece de razón, es casi obligatorio que los amantes la tengan. Está muy bien abandonarse en los brazos de cupido y disfrutar de esa experiencia arrebatadora, pero con la visión clara de cuánto estamos obteniendo con respecto a la inversión que estamos haciendo. No creas en el amor romántico incondicional, eso es un cuento.

3. Es importante identificar el tipo de adicción amorosa en la que estamos o está nuestra pareja, ya que esta es la mejor forma de combatir su mala influencia en la relación.

4. El ciclo del adicto amoroso es una constante en las personas inmersas en una necesidad emocional por el otro, con algunas variantes menores, va a presentarse con ciertas señales, así que es vital aprender a tenerlas presentes.

5. El adicto a la evitación busca siempre un adicto amoroso, es decir, a alguien necesitado. Si notamos que estamos con una pareja con dichas características es seguro que tenemos una dependencia emocional de esa persona.

2. EL CUCHILLO DE DOS FILOS: CUANDO TIENES FALLAS EN LA AUTOESTIMA

"Quienes se plantan en las cumbres más altas se exponen a ser carbonizados por los rayos de las tormentas, y quienes se bajan a los más hondos precipicios se arriesgan a desaparecer en el abismo"
LUCRECIO

Mucho se habla de la autoestima aunque en realidad pocos son los que la comprenden realmente, incluidos, increíblemente, algunos psicoterapeutas. Casi pareciera una ley no escrita que cualquier aspecto que afecte nuestra estabilidad emocional y que nos impide tener relaciones interpersonales funcionales, tiene que ver con una alteración en nuestro nivel de autoestima. Sin embargo, hay que tener un cuidado especial para no tratar el asunto tan a la ligera.

Pero, ¿por qué es tan importante la autoestima? ¿Cuál es la razón de que la atención de investigadores, psicólogos y, desde luego, el grueso de la gente se centre de manera tan incisiva en este tema? ¿Por qué somos capaces de usar de manera tan indiscriminada y poco útil este concepto? Pero sobre todas las cosas y para el tema de este libro, ¿cómo es que esta afecta nuestras relaciones de pareja? Las respuestas a estas preguntas nos darán luz para entender este concepto. Por lo tanto, tal vez lo más inmediato sería establecer la diferencia entre qué es la autoestima y qué no lo es.

Lo que soy y lo que tengo

Probablemente la confusión más recurrente es pensar el **auto-concepto** y la **autoestima** como sinónimos, porque aunque se parecen bastante e, incluso, están íntimamente ligados, guardan diferencias sustanciales.

En primer lugar me referiré al autoconcepto. En su raíz etimológica, la palabra concepto viene del verbo latino *concipere*, que significa concebir y que a su vez deriva de *capere*, que quiere decir agarrar o capturar. Cuando una persona empieza a formar una visión de sí misma —lo que ocurre desde la más temprana infancia—, se crea una idea acerca de ella que posteriormente da paso a una manera única y exclusiva en que ese ser se relaciona con su entorno. Esta forma de relación con el mundo está dominada por ideas e imágenes mediante las cuales la persona se explica muchas de las experiencias que ocurren en su vida.

En otras palabras, el concepto propio (autoconcepto) es una especie de resumen de toda la información que guardamos en nuestra mente y a la cual se le da un cierto orden y sentido, siendo este lo que crea nuestro *paradigma de vida*, que no es otra cosa que los pensamientos, emociones, sentimientos y conductas que siguen su curso a partir de un modelo previamente establecido y los cuales están permeados de "filtros" impuestos por nuestra mente.* Si todo va bien, este paradigma nos llevará de la mano a lo largo de nuestra existencia y dictaminará de forma funcional lo que somos, haciéndonos experimentar una vida razonablemente feliz. Sin embargo, sucede en muchas ocasiones que dicho paradigma de vida no es el más adecuado y funcional para forjar un concepto sólido de nosotros mismos.

---

* La palabra paradigma proviene del prefijo *para* (junto) y de *deygma* (modelo, ejemplo).

Por ejemplo, las experiencias terribles que pudo vivir una persona en su infancia como maltrato físico, abuso sexual, falta de cariño, *bullying*, por citar algunas, pueden crear una serie de imágenes que la mente se encarga de transformar en modelos que rigen la vida futura, y si este esquema autoconceptual no se ataja y, por el contrario, se refuerza con el paso a la vida adulta, es casi seguro que se enfrenten problemas de índole adaptativo que probablemente deriven en el ya visto *infantilismo cognitivo*, esa puerilidad de pensamientos, sentimientos y conductas por la malformación en el autoconcepto.

Debido a lo anterior y tal como lo hace un niño pequeño, una persona con una deficiencia en su propio concepto tenderá a esperar a que la realidad se adapte a él y no de forma inversa como lo hacen las personas con un autoconcepto firme, aquellas que saben que lo que son es lo único que realmente tienen y que por lo tanto no se detienen demasiado a lamentarse de lo que carecen, evitando así gran parte de la fórmula que lleva al sufrimiento personal. El resultado del infantilismo cognitivo es una vida plagada de sinsabores debido a una prácticamente nula tolerancia a la frustración. En vista de lo anterior, se podría definir entonces al autoconcepto como *la idea que una persona tiene de sí misma enfrentada con la idea de lo que cree que debería ser, la cual se debe a modelos previamente internalizados.*

Como dijimos que el autoconcepto se crea a partir de ejemplos e imágenes a seguir, la buena noticia es que estos pueden cambiarse una vez que nos damos cuenta que no están siendo funcionales. Sin embargo, decirlo es mucho más fácil que hacerlo, ya que establecer un adecuado autoconcepto tiene que ver con aceptarse a uno mismo y ¿qué quiere decir esto? Dejando de lado las elucubraciones, podemos decir que aceptarse a uno mismo es *la inclinación a experimentar con total plenitud las emociones, sentimientos, pensamientos y conductas que permean nuestra persona.* La adecuada manera de hacerlo es no ejercer algún tipo de represión, permitiendo su libre expresión, es decir, teniendo la disposición a aceptar la realidad de esta fuerza. La clave está en negarse a vivir de manera inconsciente, irresponsable y pasiva, para aprender a vivir de manera consciente, responsable y, sobre todo, proactiva.

Particularmente la proactividad es importante en la autoaceptación porque nos mueve hacia la corrección de errores y fallas, y por tanto, al aprendizaje. En pocas palabras, generar proactividad en la aceptación hacia uno mismo significa crear un camino alterno a los modelos que creímos debíamos seguir para vivir nuestra vida. Por medio de este proceso es que se empieza a reconstruir un autoconcepto equivocado y nos lleva a romper "moldes" que nos dictan cómo debemos de vernos o comportarnos, dejando atrás ideales poco funcionales adquiridos en otra etapa de nuestra vida. Cuestiones como la culpa, la falta de límites o la dependencia emocional son claros ejemplos de esos patrones que son susceptibles al cambio. A todo lo anterior se le conoce como *cambio de paradigma de vida* e, idealmente, tendría que ser una constante en el ser humano.*

Pasemos ahora a la autoestima. Uno de los grandes pioneros en la investigación de este tópico es, sin duda, Nathaniel Branden, cuyo libro *Los seis pilares de la autoestima,* marcó un hito en el entendimiento de esta delicada cuestión. Para Branden, la autoestima se refiere a "La disposición a considerarse competente frente a los desafíos básicos de la vida y sentirse merecedor de la felicidad". Así pues, y siguiendo con Branden, la autoestima tiene dos grandes componentes que están relacionados entre sí: **la eficacia personal y el respeto a uno mismo.**

---

* El físico y filósofo Thomas Kuhn acuñó el término *cambio de paradigma* refiriéndose a ello como "Un cambio tan grande que el paradigma anterior ni siquiera se puede comparar con el nuevo, porque incluso las palabras que se usan para explicarlo son nuevas". Desde luego Kuhn estableció esto con respecto a la ciencia, pero estoy seguro de que es igual de aplicable a la propia vida.

La eficacia personal tiene que ver, de manera llana, con la confianza en el funcionamiento de nuestra mente, es decir, con su capacidad para pensar y entender las cosas adecuadamente de manera que podamos tomar las decisiones más funcionales para nuestra vida; al tener esta confianza al vivir nuestra propia vida, más cerca estaremos de que esta se encamine en *la dirección que nosotros queramos y consideremos correcta,* no hacia la que los demás quieran que se mueva. En otras palabras y poniéndonos algo místicos, ejercemos el libre albedrío. Esta cualidad se vuelve muy importante a la hora de evitar chantajes, manipulaciones y relaciones tóxicas, ya que promueve la creación de un bastión de defensa personal que se encargará de proteger nuestra verdadera esencia como entes individuales.

En cuanto al respeto por uno mismo, este se encuentra ligado íntimamente al *derecho de vivir felizmente.* Algo evidente en toda relación tóxica es el hecho de que a uno o a ambos integrantes les falta autorespetarse, lo que genera una serie de acciones —realizadas por ellos o la pareja—, que atentan contra su dignidad como ser humano y redundan en una negación al derecho propio a la felicidad. Cuando vemos a una persona que nos inspira respeto, en realidad lo único que estamos haciendo es percibir el respeto que ella misma se tiene, lo cual nos lleva a medir cuidadosamente nuestras palabras y conductas frente a ella. En una relación tóxica esto no ocurre así. Si no hay autorespeto hay un decremento en la autoestima, teniendo como consecuencia que no seamos capaces de defendernos ante ataques y manipulaciones de terceros.

La autoestima se refiere entonces a un enorme pastel dividido en dos grandes rebanadas cuyos ingredientes están mezclados entre sí, pero que apuntan en una dirección: *la confianza que lleva a la felicidad personal.* Por lo cual, la autoestima, a diferencia del autoconcepto, se podría definir como *la confianza en las herramientas que una persona posee como ser humano para alcanzar su propia felicidad.* Si esa confianza es pobre o no existe, es cuando se dice que se tiene poca o baja autoestima.

Por tanto y resumiendo lo anterior, se puede decir que el autoconcepto es *lo que yo soy*, mientras que la autoestima me la da *lo que yo tengo* (no hablando a nivel material, necesariamente). El establecimiento de esta diferencia es absolutamente vital para que las personas con una merma en su autoestima reconozcan que lo que les está faltando encontrar es esa confianza en sus propias herramientas de vida, independientemente de quienes creen que ellos son. Quiero decir que uno puede fantasear con ser más cercano al ideal que considera debería alcanzar como persona —éxito económico, mejor nivel social, trascendencia espiritual, etc.—, pero sin ser capaz de vislumbrar las herramientas con las que cuenta actualmente y que puede poner en juego en pos de su propia felicidad. La mayoría de las personas, sin embargo, pierden de vista lo anterior precisamente por la creencia de que autoconcepto y autoestima son sinónimos, entonces *se deprimen al "no ser" y dan por hecho que "no tienen".* Desde luego que lo óptimo es que tanto autoconcepto como autoestima se encuentren balanceados, pero tener una buena dosis de expectativas de desarrollo como persona (mientras estas sean realizables), no necesariamente es algo negativo o en detrimento de la autoestima.

Menos autoestima, más infelicidad

Una de las maneras en que el nivel de autoestima afecta una relación de pareja con problemas es que un miembro siente que nada de lo que ha hecho por la relación tiene valor porque el otro no lo aprecia, entonces cae en la falsa creencia de que es ella quien carece de valor, lo cual está terriblemente equivocado. Un hecho, como puede ser una relación inadecuada o que no funcionó, nunca va a determinar el valor intrínseco de tu persona, simplemente porque los seres humanos somos mucho más complejos que eso, tenemos más matices de los que normalmente se pueden ver y es esa condición la que nos hace ser únicos y maravillosos. Si no somos importantes para esta persona o esta relación, sí lo seremos para otra. Pero lo más adecuado es aceptar la idea de siempre seremos importantes para uno mismo.

Uno de los métodos más efectivos para mejorar una autoestima deteriorada posterior a una ruptura amorosa, consiste en practicar la **autoafirmación**, es decir, ponderar el respeto propio de lo que soy, de mis valores, deseos y necesidades así como el respeto a su forma de expresión. Sucede comúnmente que una persona que está siendo vapuleada por una relación tóxica o que está atravesando por una separación, busque, de manera inconsciente, confinarse en una especie de segundo plano en donde todo lo que es y tiene se quede oculto o frustrado con el fin de evitar enfrentarse con alguien cuyos valores son diferentes a los de ella, o peor aún, para complacer, calmar o caer en juegos de manipulación. La autoafirmación diaria te rescata de quedar atrapado en este fuego cruzado y sirve como autodefensa de tu esencia. Consiste también en verte como eres realmente, destacando tus fortalezas y teniendo cautela con lo que tu pareja te hace sentir, particularmente si esto es negativo.

Una forma para poner en marcha lo anterior es pedir ayuda a una persona completamente imparcial, como puede ser un psicoterapeuta, ya que este te podrá guiar a que aprecies lo que hay en la realidad, sin distorsiones o sesgos. El siguiente paso es defender a capa y espada tu autoafirmación porque darte cuenta de lo que eres y tienes es aceptar que eso es lo que hay realmente en tu presente y, por tanto, merece ser protegido de invasores que quieran demeritarlo. Ahora, ten cuidado en creer que establecer tu autoafirmación es sinónimo de agresividad porque no es así. No quiere decir que para autoconfirmarte tengas que ser indiferente a los derechos de todos los demás, sino más bien, se refiere a la capacidad de ejercer una forma de vida auténtica, con convicciones y una disposición a valerte por ti mismo siendo quien eres.

Otro asunto que influye notablemente en el menoscabo de la autoestima, con respecto a las relaciones de pareja, es la prevalencia del pasado por encima del presente, manteniendo la esperanza equivocada de que lo que fue pero ya no es, pueda regresar. Por ponerte un ejemplo muy común, después de una ruptura amorosa las personas se olvidan de lo que tienen actualmente en favor de recordar lo que no tienen, pero que tenían (o creían tener), cuando estaban en la relación. Este tipo de pensamiento invariablemente resulta perjudicial porque no permite vivir el momento presente, lo que lleva a un empecinamiento en la añoranza del pasado. Pero lo cierto es que el momento que se ha ido no ha de volver, así como tampoco han de volver las cosas que tuvimos e, incluso, que fuimos en ese pasado, y en el hipotético caso de que volvieran, no serían las mismas, ya habrían cambiado.

Por ejemplo, una mujer que atraviesa por una pérdida amorosa y que al referirse a ella misma se describe solo como esposa, novia o compañera, aunque actualmente no sea eso, puede perder de vista que ella es muchas cosas más en este momento: amiga, madre, hija o profesionista; otro ejemplo sería el del hombre que echa de menos a su expareja, pero no a la que convivió con él los diez últimos años —la real—, sino a aquella ficticia (debido a la idealización, producto de su enamoramiento) que estuvo a su lado el primer año de novios. En cualquiera de los casos, el presente se desvaloriza en aras de un pasado que ya no está ni tampoco regresará.

> Recuerda que la autoestima es tan importante en tu vida porque la valoración que hagas de ti será la fuente —sana o contaminada—, de la que beberá tu salud emocional.

La traición de la mente

"Me piden que me vaya a mi casa, pero, ¿a cuál de ellas? Tengo veinte". Así respondió, mientras mostraba una sonrisa despectiva, el antiguo primer ministro italiano Silvio Berlusconi a los periodistas que le preguntaban acerca de las acusaciones que lo señalaban como la mente maestra de escándalos de corrupción y prostitución en las altas esferas políticas de su país. Por décadas, el político, seguro de su posición y de su poder se mofó abiertamente de todos aquellos críticos y acusadores, incluyendo magistrados y jueces, que buscaban que respondiera por sus felonías. Unos meses después de esa declaración, Berlusconi, uno de los hombres más ricos e influyentes de Europa, tuvo que dimitir al ser condenado a prisión por evasión de impuestos.

El caso de Silvio Berlusconi es muy interesante para ilustrar la manera en cómo —al contrario de una autoestima disminuida—, una desorbitada autovaloración puede, eventualmente, traicionarnos y volverse en nuestra contra. El pensador romano Lucrecio, hace más de 20 siglos, expuso de manera contundente lo anterior al afirmar —con la cita que sirve de introducción a este capítulo—, que una confianza desmedida en uno mismo puede ser tan dañina como una falta absoluta de esta.

En el caso de una autoestima extremadamente abultada, el peligro radica en que puede ser simplemente la ilusión de tener una eficacia fuera de la realidad y conformar una especie de protección que disminuya la ansiedad, proporcionando un sentido falso de seguridad, que suple una sana y verdadera autoestima. Es decir, mientras que ante los ojos de los demás algunas personas disfrutan del éxito aparente, siendo altamente estimadas por sus logros o gozando de una imagen pública envidiable, por dentro son un manojo incontrolable de miedos, ansiedades e insatisfacciones que los llevan, en muchos casos, a la depresión. Este tipo de personalidad suele darse con mucha mayor frecuencia en personajes públicos, en particular aquellos inmersos en actividades que tienen que ver con los medios de comunicación.*

Si bien todos tenemos sentimientos de grandiosidad de vez en cuando —particularmente al obtener logros personales que consideramos importantes—, tener la autoestima exageradamente alta por un lapso prolongado de tiempo provoca una cercanía delicada con un desorden específico y destructivo denominado **trastorno narcisista de la personalidad** (TNP). La base del TNP es un absoluto autoconvencimiento de que intrínsecamente se es superior a otras personas. Junto a ese sentido de grandeza se da una incapacidad para mostrar empatía con los demás, y a pesar de que suelen ser carismáticos, los narcisistas (como son llamados los que presentan este trastorno) solo usan esta cualidad al utilizar a los demás para su propio beneficio, devaluando lo que su compañero es, piensa y siente.

Una característica más que presentan los que padecen este trastorno es que tienden a crear elaboradas fantasías en donde exageran sus propios logros, muchas veces viviendo en una desconexión de la realidad donde celebran éxitos que aún no lle-

---

* Desde mi experiencia como antiguo actor de televisión, este es el caso de muchas de las "estrellas" de la pantalla y quienes aparentemente tienen todo: fama, dinero y una vida inigualable, pero que por dentro los temores, las inseguridades y la escasa confianza en sus propias herramientas son algo común. La gran mayoría recurre a solventar esas deficiencias con el éxito material, el sexo, las drogas o el alcohol, potenciando aún más una baja autoestima porque en realidad, con el tiempo, terminan por darse cuenta que no poseen algo verdaderamente propio.

gan o de grandes trabajos que siempre están en proceso de gestación. Como parte de lo anterior, se visualizan merecedores al derecho de privilegios *per se* y creen que personas como ellos no tendrían que verse en la necesidad de trabajar o esforzarse para obtener beneficios.

Sin embargo, la ironía se encuentra en que toda esta fachada no es más que una fragilidad disfrazada: los narcisistas, por lo general, poseen una autoestima sumamente endeble y a menudo profesan envidia y crítica hacia los triunfos de los demás. Pero acaso la característica más alarmante de una persona con TNP es que si no consigue lo que quiere puede llegar a extremos inimaginables de crueldad psicológica, verbal o física para lograrlo, dicho en una frase: puede ser alguien muy peligroso. Todo lo anterior, como es evidente, lo lleva a tener problemas constantes en sus relaciones interpersonales, laborales y familiares.

Aunque lo anterior puede resultar clínicamente interesante, el peligro está en la posibilidad de estar compartiendo nuestra vida con un narcisista, ya sea un familiar, un amigo o una pareja porque el riesgo que se corre al tener un vínculo amoroso/afectivo con un individuo con este tipo de personalidad es grande, particularmente para una persona con una autoestima menguada. *Una persona que sostiene una relación con alguien con TNP invariablemente terminará sufriendo de abuso, ya sea emocional, mental o físico.*

El aspecto crucial de este padecimiento es que —para los narcisistas—, las otras personas no cuentan, salvo para servirles y sostener la imagen falsa de sí mismos; creen que el mundo gira exclusivamente en torno a ellos y pueden pasar por encima o maltratar a sus parejas para lograr lo que quieren. Este tipo de relaciones generalmente son *parasitarias*, siendo lo peor de esto que a quienes forman pareja con un narcisista, pese a ser lastimados constantemente, les cuesta un gran trabajo desengancharse y siguen alimentando su propia inseguridad. Las personas que están en una relación con alguien así, para evitar conflictos prefieren volverse "invisibles", por lo que se sacrifican anulándose a sí mismos en aras del otro, no son capaces de reclamar sus propias necesidades, deseos o anhelos, lo cual es una receta perfecta para destruir su autoestima.

Y para muestra de lo anterior, recuerdo a un paciente —un atractivo hombre de negocios y muy exitoso en su ramo— que acudió a terapia casi arrastrado por su pareja, quien le había suplicado que tomaran sesiones para intentar "salvar" su amor, y quien en un momento soltó a botepronto y sin ningún asomo de duda: "Explíquele porque yo me cansé ya de hacerlo. He tratado que entienda que no puede sola, que me haga caso en lo que le digo, pero es imposible, no quiere ver que tengo la razón (...), de los dos soy el que acierta siempre, ¿por qué para ella es tan difícil darse cuenta que hay líderes y hay seguidores? Y así son también las cosas en pareja".

Admito abiertamente que su tajante y rígida afirmación me dejó sin palabras por un instante; evidentemente el hombre se veía a sí mismo como el amo en la relación, mientras que su compañera solo podía aspirar —como seguidora, en el mejor de los casos—, a adorarle. Y ¿sabes qué era lo peor? ¡Exacto, ella lo adoraba! Un caso típico de narcisismo anclado a baja autoestima en su máxima expresión.

Esta especie de *síndrome de Prometeo*, como le llamo, es común en la pareja narcisista.* Debido a que estos individuos son egoístas, egocéntricos y con una marcada inclinación a jactarse de sus propios logros y aptitudes, suelen verse a sí mismos como

---

* Prometeo era un titán, protector de la humanidad, que le robó el fuego a Zeus y se lo llevó a los hombres para que así estos dejaran de sufrir penurias. Sin embargo, su acción desencadenó la furia del Olimpo que en represalia lo condenó a permanecer atado a una montaña en el Cáucaso, para que un águila enorme le devorara todos los días el hígado, mismo que se regeneraba durante la noche para que el suplicio continuara eternamente.

los que "llevan el fuego de la sabiduría" a la ignorancia en la que vive su compañero en turno, de manera que puedan aparecer como dioses ante sus ojos. En los casos más dramáticos, como habíamos dicho, son verdaderosególatras que no pueden ver a los demás más que como seres inferiores.

A lo largo de la historia ha habido multitud de ejemplos: Adolf Hitler, Idi Amín, Josef Stalin o Nicolae Ceausescu son algunos de los más conocidos; sin embargo, también hay otros individuos no tan célebres pero igual de nocivos, personajes como Fabián Tablado, el joven argentino que asesinó de 113 puñaladas a su novia adolescente en 1996, porque esta *no le daba el lugar que él se merecía*; Andreu Coll, un muchacho rico de Mallorca que en junio de 2013 mató a golpes con una cachiporra con clavos a su propio padre para poder vivir una vida sin restricciones parentales; Derek Medina, un actor residente en Miami, Florida, asesinó a balazos a su joven esposa y minutos después subió la foto del cadáver a su página de Facebook para que todos pudieran ver su "hazaña", uno de los casos más escalofriantes que recuerdo. Pruebas psicológicas han arrojado datos de una tendencia a una exagerada autoestima y un pensamiento narcisista en cada uno de estos personajes.

¿Cómo protegerse de una pareja narcisista o que presenta síntomas de TNP? ¿Cómo sobrevivir si se está durmiendo con el enemigo? En primer lugar, lo ideal sería poder identificar una personalidad narcisista en un individuo que tiene una idea alta de su valía personal, pero que no cae en patología. Porque, por ejemplo, una cosa es estar con unaególatra que está dispuesta a pasar por encima de uno para lograr sus objetivos y otra, muy distinta, vivir con una esposa caprichosa. Y aquí es necesario establecer una diferencia sustancial entre el narcisismo que experimenta casi todo el mundo y que no es patológico, en contraste con el narcisismo perverso que puede hallarse en personalidades con TNP.

La perversión del ego

El ego es esa parte del Yo que permite que una persona tome conciencia de sí misma y pueda diferenciarse de los demás de manera clara. El ego también da las pautas en las cuales el Yo se basa para poder adaptarse, e incluso defenderse, del mundo exterior, particularmente de los sentimientos que pueden generar culpa, enojo o vulnerabilidad, por lo que es muy importante para un buen funcionamiento psíquico. No obstante, en ocasiones el ego traiciona y puede tomar el control de la parte consciente de un individuo y provocar conductas altamente tóxicas para él mismo, pero particularmente para los demás individuos en su entorno. En algunas ocasiones, una persona no alcanza a usar al ego como el mecanismo primigenio que lo lleva a construir su personalidad y entonces necesita definirla a través de los demás. Tal es el caso de los narcisistas perversos.

Como dije líneas arriba hay que tener muy en cuenta que no todos los narcisistas pueden expresar perversión, para que ello ocurra son necesarias dos cosas: en primer lugar, **que se presente el trastorno** —en este caso el narcisismo—, cuyos referentes más claros son la búsqueda y exigencia de la admiración de los demás, así como la necesidad de ser reconocido y celebrado como alguien único, maravilloso e indispensable. Por otro lado, también se vuelve requisito que se incluya la **perversión**, es decir, la tendencia a satisfacer tanto los propios deseos como las necesidades, a través y sobre todo, a expensas de terceros. "No importa lo que tú quieres, solamente lo que yo quiero y tú servirás para que eso se cumpla", podría ser el lema del narcisista perverso.

Una persona con este tipo de padecimiento necesita de forma sistemática destruir a su víctima porque a través del hundimiento psicológico y emocional del otro, obtiene su victoria.

Su estrategia es idéntica a la de un parásito, solo que en este caso es una parasitación psíquica. Para lograr lo anterior, el individuo con este trastorno aplica métodos como la crítica, el juicio desmedido, la ridiculización, la desvalorización de las ideas del otro y un largo etcétera. Cuando el perverso note cualquier vulnerabilidad en su pareja, no cabe la menor duda en que la usará para su beneficio y perjuicio del otro.

No te confundas, una persona con buena autoestima suele decir: yo soy importante, pero tú también lo eres; mientras que un narcisista perverso dice: yo soy importante, mientras que tú y tus cosas no lo son.

El mecanismo psicológico del narcisista perverso es complejo, pero se puede resumir más o menos de la siguiente forma: como tiene una autoestima tan endeble (aunque parezca todo lo contrario), no soporta sus propios aspectos negativos (algunas de ellos son el egoísmo, el chantaje, la mentira o la envidia) y por tanto, se vuelve indispensable ponerlos en un recipiente externo que es —por lo regular—, el otro, y más particularmente, la pareja. Como consecuencia, necesita succionar de esta persona las características positivas que ella sí tiene y apropiárselas. De ahí que las parejas de estos individuos pierden todo su vigor, su "chispa" o sus ganas por vivir, ya que les son arrebatadas a través de la destrucción de su autoestima para que el perverso se quede con ellas. Son vampiros emocionales, por decirlo de alguna manera.

Lo horrible, lo peligroso y lo desgastante de tener una pareja con este tipo de personalidad es la capacidad que tienen de enmascarar sus actos perversos e irlos aumentando progresivamente sin que su víctima se dé apenas cuenta. Estos actos de perversión resultan tan cotidianos que se piensa que son normales. Pueden comenzar con pequeñas faltas de respeto, una "mentira blanca" o una apenas perceptible manipulación. Pero muchas veces ocurre que como estos actos no nos afectan de forma directa, podemos encontrarlos tolerables. Sin embargo, la cosa se complica después, porque cuando pasa el tiempo ya no solamente la persona que sufre el embate del narcisista perverso no reacciona, sino tampoco lo hace el grupo social al que pertenece (por ejemplo, su familia o sus amigos) y esto le da luz verde al narcisista para seguir *in crescendo*; mientras más se permiten estos actos, más crecen, de forma que se transforman en conductas perversas que acarrean grandes y peligrosas consecuencias para la víctima, particularmente a nivel emocional y psicológico.

¿Por qué alguien termina siendo pareja de un narcisista perverso? Porque elige desde lo superfluo, desde una dinámica de inmediatez: le gusta lo que ve y se deslumbra ante lo "maravilloso" del ser que tiene enfrente. Difícilmente se da un momento para percibir las señales de que hay algo en ese individuo que no encaja, que suena a impostado. Y esto tiene que ver con una incapacidad de distinguir entre el principio del placer (lo que quiero para mí) y el principio de la realidad (lo que en verdad necesito para mí). La mayoría de las víctimas de los narcisistas perversos son personas vulnerables, aisladas, carentes de afecto o con huellas de abandono amoroso. También son ultrarrománticas, codependientes y creen que el "poder de su amor" será tan fuerte que enmendará el camino del otro. Desafortunadamente esto no ocurre y se encuentran de repente atrapadas en un círculo cada vez más virulento.

Ahora la gran pregunta: ¿por qué las víctimas de un narcisista perverso no hacen nada para romper con ese ciclo de violencia emocional y psicológica? La respuesta es que, en la mayoría de los casos, estas personas piensan que no serán comprendidas y por tanto, apoyadas por los demás, así que prefieren callarse y soportar en silencio las vejaciones. Y este es precisamente en donde reside el poder del perverso, ya que este tipo de personalidad siempre busca crear un sentimiento de inseguridad en su víctima; la forma más común de conseguirlo es aislándola del entorno en donde puede recibir ayuda. Este aislamiento puede ser físico, emocional y/o mental. Es una forma de actuar digna —literalmente— de un depredador.

La clave para salir de una situación así es hablar y no aislarse. Apoyarse en las personas que puedan brindar seguridad para empezar a creer que no se está solo en este predicamento. Es momento de recurrir a la familia, los amigos, un terapeuta y actualmente, incluso, a las redes sociales que funcionan como soporte para las personas atrapadas en las garras de un individuo con este perfil. Mientras más extensa sea la red de apoyo, mayores serán las posibilidades de cortar el ciclo vicioso.

En la siguiente tabla-radar se encuentran algunas de las señales más recurrentes de un narcisista perverso o TNP, revísalas para que seas capaz de identificarlas. Desde luego, no hay que dejar de lado que estos puntos son solo referenciales y que las características de esta condición varían de una persona a otra, sin embargo sí ofrecen una pauta a considerar.

También es sabido que el narcisismo patológico en pareja es más propenso a presentarse en hombres que en mujeres. Por ejemplo, muchos de los hombres narcisistas son fantásticos y seguros de sí mismos cuando se tiene una primera cita con ellos, pero después de un tiempo se descubre que en realidad son envidiosos, controladores, egoístas y que en el instante en que reciben una crítica reaccionan con un quiebre en el amor propio, algo que se llama herida narcisista. Y provocar una herida de este tipo en alguien con esta personalidad puede traer consecuencias desagradables, de manera que ¿no es mejor prevenir que caer en una relación así?

Usando tu radar

Ahora identifica los avisos más claros de que estás frente a un narcisista. Algunas de estas señales son:

- Suelen, invariablemente, vanagloriarse de sus logros, muchos de los cuales no son reales.
- Son increíblemente sensibles a la crítica o a lo que ellos consideran una crítica, y reaccionan descontroladamente ante ella.
- Son adictos al control, los demás deben hablar y conducirse como ellos consideren mejor para sus fines.
- En el caso de las mujeres suelen ser fanáticas de su apariencia física, y en el caso de los hombres, de su poder, ya sea económico, social o sexual. Y, por regla se consideran más inteligentes, atractivos y capaces que los demás.
- Eligen una pareja que sea servil, y a los hombres narcisistas suelen unirse mujeres a las que les gusta el drama. En el peor de los casos pueden llegar a ser violentos y, a la menor provocación, reaccionar con ataques de furia física.

Cinco recomendaciones importantes

Recuerda:

1. **No confundas autoconcepto con autoestima.** El autoconcepto es lo que eres, mientras que la autoestima es lo que tienes para desarrollar aún más lo que ya eres. El paradigma de vida está hecho para cambiarse cuando ya

no es funcional. Confía en tus herramientas, si lo haces llegarás al lugar que quieras.

2. Recuerda autoafirmarte constantemente. Pon en alto y defiende quién eres, no lo que te dicen que eres. Eres un ser único e irrepetible, honra eso. **Cultiva el autorrespeto.**

3. El pasado ya no existe, por lo que pensar en él y añorar que regrese lo que se fue, es una absoluta pérdida de tiempo y energía. Si te sientes mal por lo que no tienes, entonces trata de disfrutar lo que tienes, diciéndote a ti mismo: **esto es lo que tengo y está bien porque aquí es donde estoy.**

4. **Busca un equilibrio.** Recuerda que tan perjudicial puede ser una baja autoestima como una exagerada. No te ciegues ni para un lado ni para el otro. Se realista y analiza en dónde estás parado.

5. **Aprende a identificar a un narcisista perverso.** Por más carismáticos que sean, emiten señales muy claras que te ponen sobre aviso. No las ignores por temor a la soledad o el abandono, a la larga será peor.

3. EL ASESINO EMOCIONAL: LA CODEPENDENCIA COMO FORMA DE VIDA

"Dios mío, te pido que cambie, que sea feliz, que me quiera, que llegue hoy, que me llame, que no se enoje, que me haga caso, que deje a su amante, Dios hermoso, ¿puedes hacer esto por mí?"
PENSAMIENTO DE UN CODEPENDIENTE

Seguramente has escuchado acerca de este estado, en alguna ocasión habrás notado como alguien se refiere a un tercero como "codependiente", tal vez tú mismo estés en esta situación... y también es posible que aún no lo sepas. Pero ¿qué es la **codependencia**?

El también llamado *vínculo codependiente* es una condición emocional que puede influir de manera decisiva en la forma de mantener relaciones con las demás personas y que, de alguna manera, puede hacer que nos sintamos absolutamente responsables por el bienestar de los demás, en particular de personas que consideramos "débiles", "descarriadas", "enfermas" o "indefensas". Un codependiente, casi de manera invariable, se va a relacionar con personas —parejas, en el caso más común—, que mantienen algún tipo de adicción. Estos adictos pueden estar enganchados a muy diversos tipos de situaciones o sustancias: a las drogas, al alcohol, a la infidelidad, a estados emocionales poco sanos, a la violencia, a la indiferencia, etc. La mujer o el hombre "adherido" a estos adictos, a su vez también tiene una adicción: un apego emocional disfuncional hacia la conducta del otro.

Es bastante común que cuando se le pregunta a un paciente si sabe qué es una persona con codependencia responda de inmediato que sí; sin embargo, la idea que tiene casi siempre se termina resumiendo en el clásico: "Es la persona que no puede estar sin el otro". Y esto es cierto, pero a medias. En realidad dentro de una relación codependiente conviven dos tipos de personalidades adictivas que se explicarán a continuación.

Esclavizantes y rescatadores

En primer lugar se encuentra el que denomino **codependiente esclavizante,** alguien que demanda que la otra persona esté pegada a él todo el tiempo para solucionar sus problemas; es una persona que espera que el otro sea su sirviente, su fan, su esclavo. Porque, por donde quiera que se le vea, a fin de cuentas la codependencia es una esclavitud. Es en quien primero se piensa al escuchar el término codependiente: aquél que depende del otro. Este es la pieza, digamos "pasiva".

El mecanismo que usa esta personalidad para someter al otro a sus deseos es el de depositar en él toda responsabilidad por su propia vida; su forma de pensar es más o menos de la siguiente forma: "Como yo creo que soy absolutamente incapaz de hacerme cargo de mi persona, te otorgo a ti (pareja, amigo, padre, etc.) la responsabilidad de cargar conmigo, con mi vida, con mis problemas y mis fallas de carácter porque eres tú quien puede lidiar con ellos mejor que yo". Este sistema se despliega de forma tal que, literalmente, se esclaviza al otro atándole una bola de acero emocional.

¿Cómo hace el codependiente esclavizante para lograr este efecto en su pareja? Lo logra a través de una estrategia que no es frontal, sino subrepticia, un mecanismo desarrollado entre líneas pero letalmente efectivo: el chantaje emocional. Lo que quiere decir que detrás de la aparente necesidad que le hace depender del otro se oculta una actitud de víctima que tiene su expresión de la siguiente forma: "Si tú (mi pareja), no te haces cargo de mí... vas a pagar las consecuencias". Y estas consecuencias implican, entre otras tantas, enojo, retirar la palabra, terrorismo psicológico o abandono, actitudes que buscan —todas ellas—, generar culpa en la pareja para que esta se someta a lo que el esclavizante desea, que es evadir la responsabilidad de su vida y que el otro se haga cargo de esta (emocional, física, laboral o financieramente).

> Jamás un codependiente esclavizante enfrentará frontalmente a su pareja, sino que lo hará a través de un sutil camino de manipulación, ejerciendo presión psicológica para que el otro se doblegue ante el miedo a las consecuencias que sus acciones "rebeldes" puedan tener.

Sin embargo, es necesario explicar que este codependiente solamente es la mitad de la fórmula de un vínculo de este tipo. Hay otra personalidad en la relación que sella el destino de la misma. Me estoy refiriendo al **codependiente rescatador,** o como me gusta decirle, "ambulancia" (porque anda por la calle con la sirena prendida esperando rescatar a todo aquél que le parezca en peligro). Es aquél que está pendiente todo el tiempo de lo que necesita el otro para proveerlo de lo que le haga falta, incluso a pesar de sí mismo; es una persona que carece de vida propia, ya que su vida es la del otro; es poseedor de un espíritu de "héroe" y podemos decir que esta es la parte "activa" de una relación codependiente. Y lo llamo el "activo" porque la característica principal que posee es la de obsesionarse con controlar la conducta, particularmente de su pareja. Sin embargo, como no lo logra, sufre y como no desea sufrir, intenta con más ahínco ejercer el control, provocando la eternización del círculo vicioso.

Por tanto, resulta obvio que de una forma natural un codependiente ambulancia se vincula con uno esclavizante. El segundo dice: "Te condeno a hacerte responsable de mi" y el primero, feliz exclama: "Eso es lo que siempre he querido, hacerme cargo de quien se deje". Lo demás, como se dice, es historia. ¿Puedes notar la necesidad de ambas partes y cómo se complementan simbióticamente? El gran problema es que esta relación está destinada, de forma inevitable, al fracaso porque desde el inicio tiene un núcleo podrido.

El ciclo de la codependencia: orígenes y características

Para estas alturas tal vez te estés preguntando en dónde está el origen de la codependencia y la respuesta es, en términos generales, en la familia o, en su defecto, posiblemente en la ausencia de esta. ¿Por qué de esta afirmación? Cuando se rastrea en consulta los antecedentes familiares de los pacientes que presentan las características antes descritas, casi invariablemente todos tienen historias previas de convivencia emparentada con personas poseedoras de actitudes y conductas codependientes y no solo eso, sino que estos patrones aparecen desde generaciones anteriores.

Aunado a esto, factores predominantes en los antecedentes de un codependiente son los abusos físicos, psicológicos y sexuales, así como el abandono o escaso cuidado por parte de uno o ambos padres. La presencia de alguno o todos estos factores puede provocar que la persona codependiente tienda a repetir pautas aprendidas y padecidas en el seno familiar, con respecto a las adicciones, así como su relación con personas adictas. Digamos que, el origen de las relaciones interpersonales del codependiente está empapado hasta la médula de ideas distorsionadas, tóxicas y nada funcionales.

Lo que es cierto es que *todas las relaciones —y particularmente las relaciones amorosas— que se basan en producir culpa y angustia en lugar de felicidad y paz, son de alguna forma relaciones codependientes.* Desde luego es bastante probable que te sientas identificado con algunos de los rasgos que puede mostrar una persona con codependencia; las madres son codependientes de sus hijos y viceversa, jefes con empleados, vendedores con clientes, etc. Pero en donde radica la diferencia entre algo sano y algo que no lo es, es en el grado.

> Nadie escoge ser codependiente al inicio de su vida, eso es cierto. Pero cuando se sigue estando de forma sistemática en relaciones tóxicas de abuso, control o chantaje emocional y no se hace nada, entonces ya se ha elegido la codependencia de manera voluntaria.

Y, ¿cómo es la gente que padece codependencia? ¿Cuáles son los síntomas que muestra? La autora Melody Beattie sostiene que un codependiente es "Una persona (...) que ha permitido que la conducta de otra persona la afecte, y que está obsesionada con controlar la conducta de esa persona".* Entonces, como hemos venido

---

* En su libro *Ya no seas codependiente*, Beattie recopila una larga serie de testimonios de personas que convivieron con parejas adictas a las drogas, al alcohol, a los celos, a la infidelidad, a los golpes, a las ideas inflexibles o a la ausencia emocional de sus padres. Estos codependientes simplemente eran incapaces de alejarse de quienes les hacían daño, incluso a pesar de que *sabían* y tenían plena conciencia del deterioro a nivel físico, mental y emocional que sufrían.

diciendo, la obsesión por el control es el quid del asunto. En esencia, un codependiente es un "cuidador", es decir, alguien que se empeña necia e inútilmente en modificar los pensamientos y comportamientos de su pareja y que, al no lograrlo, sufre; como resultado, la codependencia termina formando un ciclo tóxico.

Figura 4: EL ciclo tóxico de la codependencia.
(Derechos Reservados a Vicente Herrera-Gayosso. 2015).

Independientemente de qué tanto quieras controlar la conducta de tu pareja, tu papel de cuidador lo único que consigue es *acrecentar el comportamiento nocivo del otro y, en la mayoría de los casos, empeorarlo.* Y, ¿por qué esto es así? Porque sin darte cuenta, al empeñarte en controlar la vida de tu pareja y "protegerla" o alejarla de su adicción, refuerzas y, de cierta manera, premias lo que esta hace. Es decir, le otorgas un nicho de comodidad.

A pesar de que la codependencia es algo que sucede a hombres y mujeres, estas últimas son más proclives a padecerla. Estoy convencido de que dos de los factores más importantes están estrechamente ligados a una simple cuestión evolutiva que favorecía la creación de un vínculo dependiente. Por un lado, mientras nuestros ancestros varones eran los que pasaban más tiempo fuera de la cueva en la independencia de la caza, la supervivencia de las mujeres estaba sujeta, casi en exclusiva, al hecho de que el hombre regresara sano y salvo y, más importante aún, con el alimento para ellas y su progenie; el temor de la mujer con respecto a la expectativa de vida de su pareja era grande, ya que si esta moría o no regresaba con comida, todos se ponían en riesgo. En segundo lugar, la codependencia al tener que ver de manera muy cercana con el miedo ancestral a estar solo, un temor primigenio a sentirse abandonado y no saber qué hacer para sobrevivir en esa situación, encuentra su expresión en una actitud mucho más aceptada socialmente hoy en día: el temor a la infidelidad de nuestra pareja. Y aquí nuevamente hay variaciones de acuerdo al género; mientras en los varones el temor más grande con respecto a la fidelidad de su compañera es que esta se involucre en una relación sexual ajena porque podría forzar a que el hombre use sus preciados recursos para criar a un bebé que no lleva sus genes; en el caso de la mujer, sus temores más grandes radican en la infidelidad emocional de su compañero, ya que esto puede implicar ser abandonada, lo cual la dejaría sola en la difícil lucha por mantener vivas a sus crías. Recuerda que estos temores de los que hablamos son exclusivamente desde el punto de vista evolutivo. Como quiera que haya sido, la realidad es que la codependencia entraña *un alto grado de temor a no ser capaz de hacerse cargo de la situación.*

Detonar la proactividad

Es posible que alguna vez hayas escuchado hablar acerca de la proactividad, incluso casi con toda seguridad, has aplicado este concepto de forma práctica en tu propia vida. Y si no me crees, piensa en aquel momento en que decidiste actuar para lograr un objetivo en lugar de esperar a que "las cosas se dieran por sí solas". Eso es proactividad y entender sus alcances en nosotros mismos es un elemento vital para evitar ser codependiente.

Fundamentalmente, la proactividad se refiere a tomar la decisión de *provocar que las cosas que queremos para nuestra vida, sucedan.* Una diferencia sustancial entre las personas codependientes y las que poseen un acertado grado de seguridad en su individualidad es que, mientras que las primeras otorgan todo el poder de decisión y resolución de su vida a otra persona y dichas decisiones de vida son determinadas por estas, la persona que toma decisiones por sí misma para crear, por medio de la acción, las condiciones que desarrollen una existencia más adecuada y saludable asegura un grado de libertad, confianza y felicidad más efectivo. En pocas palabras: las personas codependientes no toman la propia vida en sus manos porque están demasiado ocupadas haciéndose cargo de la vida de otros y dejando que estos, a su vez, se encarguen de lo que les corresponde resolver a ellas. Lo cierto es que cuando otorgas el poder a tu pareja para que sus conductas, pensamientos y sentimientos definan lo que eres, lo que haces y lo que deseas en la vida estás recorriendo el camino pedregoso de la codependencia. Lo que te puede salvar de volverte una veleta girando sin control ante lo que tu pareja hace o deja de hacer es, en gran parte, comprender todo el asunto de lo que llamamos proactividad.

Como vimos en el capítulo dedicado a la autoestima, la proactividad es muy importante ya que refuerza un cambio en el paradigma de vida, tan necesario para la evolución de un ser humano, para que este deje de aceptar ser el esclavo o sirviente de otros y alcance su propia felicidad. Y ¿cómo puedo ser proactivo en el caso de estar en una relación codependiente?, tal vez te preguntes. Bueno, es evidente que esto varía de acuerdo a la situación personal de cada quien, pero desde mi punto de vista hay tres actitudes a las que puedes acudir en caso de que decidas serlo.

En primer lugar, **tienes que concentrarte en tus talentos, no en los del otro**, es decir, en lo que sí tienes como individuo, tú y nadie más. Esto es importante porque cuando una persona es capaz de enfocar su atención en lo que en verdad tiene y cree en ello de forma constante, la autoestima se refuerza casi automáticamente y lo hace porque no tiene espacio libre para dar cabida a los sentimientos de incompetencia ante su propia vida, lo que es muy propio de la codependencia. Una relación codependiente menoscaba la confianza, es decir, refuerza la falsa idea de que sin esa persona a la que se está aferrado no se es capaz de seguir adelante. Cuando te centras en tus propios talentos te puedes dar cuenta de que en realidad tienes muchas más cosas de las que crees y que pueden ser usadas en tu propio beneficio.

Otro camino a la proactividad que te aleja de la relación codependiente es que **si las personas no te piden ayuda, no trates de ayudarlas**, y en este momento seguramente te estás diciendo algo así como "pero eso me vuelve egoísta", y es cierto. Sin embargo, aquí entra un elemento que acaso desconoces: *en ciertos* *casos el egoísmo puede ser muy positivo para la salud emocional.* Puedo entender que esto se contraponga con algunas de tus creencias y entiendo que cuando somos pequeños nos educan en un ambiente en donde el egoísmo se juzga como algo malo; pero hay una confusión al respecto, y es que existe un tipo de egoísmo sumamente funcional que es aquél que tiene que ver con la lealtad con uno mismo, para lo que deseas, anhelas y esperas obtener para tu vida. Esta especie de egoísmo positivo, como le llamo, se refiere a un pensamiento y actitud dirigidos a satisfacer nuestras propias necesidades por encima de todo, pero *sin lastimar* a terceros. Y aquí te puedes decir: "Pero si hago lo que yo quiero y me hace feliz, el otro se puede sentir lastimado". Y es posible que así sea, pero cuando haces genuinamente lo que deseas sin el objetivo específico de herir, controlar o manipular al otro, si este se siente agredido esa será su interpretación, y es algo que nadie más que él puede evitar. Es decir, si otra persona se siente de determinada forma ante la búsqueda genuina de tu felicidad, es algo que ya no te compete. Esto generalmente pasa cuando un miembro de la pareja que decide tomar psicoterapia empieza a mostrar cambios positivos para él mismo, el compañero de inmediato reacciona ofendido con la clásica frase: "¡Como has cambiado!" Lo que en realidad está queriendo decir es: "Lo que estás haciendo para ser feliz no me gusta, ¡así que no debes hacerlo!" ¿Te das cuenta? No puedes controlar las traducciones que hagan otros de tus actos, solamente puedes controlar tus decisiones y acciones personales. Y eso es el egoísmo positivo·

Recuerda que la característica básica de un codependiente es querer "ayudar" (en realidad controlar y complacer) a aquellas personas que cree que lo necesitan, y por ello olvida su propia vida. Para ser proactivo necesitas hacer un ejercicio inverso, darte cuenta que tú eres más importante porque eres lo único que verdaderamente tienes y de ahí partir hacia los demás, no al revés. Cuando hablo de evitar ayudar a las personas si no lo han pedido, no me refiero a no intervenir si vemos que alguien está en un problema real y nosotros podemos hacer algo —por ejemplo, en caso de un inminente peligro de muerte—, sino a que antes de correr como ambulancia, con la sirena ululando, es apremiante hacer un alto y preguntarse si en verdad esa persona necesita nuestra ayuda o solamente estamos reforzando una necesidad de sentirnos importantes para ella y, por otro lado, también cuestionar si ayudarla no se contrapone a nuestra esencia de individuos, como cuando se intenta cambiar la vida de alguien y eso a su vez provoca cambios en nosotros que no son sanos ni adecuados. A final de cuentas terminas volviendo tuyas las prioridades del otro y te olvidas de las propias.

En tercer lugar, el factor que considero más importante para ser proactivo en nuestra lucha contra la codependencia es **el establecer un sistema de límites claros.** Hemos dicho que una característica de los codependientes, particularmente de los esclavizantes, es el excesivo cuidado hacia los demás, pero no de sí mismos, lo cual los lleva a creer que si expresan lo que les pasa y a su pareja no le gusta lo que oye, esta los abandonará. Por tanto, alguien con codependencia cree que tiene que ser sumiso y pasivo, lo que es igual a devaluarse a sí mismo, y como tiende a dar más de lo que recibe, considera al otro más importante. El problema radica en que el otro, al captar este sistema de creencias, terminará aprovechándose de su pareja a costa de su sufrimiento. Al no tener límites establecidos, el compañero de una persona con codependencia pedirá, exigirá e impondrá cuotas de inversión física y emocional cada vez más elevadas que desgastarán a su pareja. Una manera adecuada de protegerse es poner límites, los cuáles pueden ser físicos, mentales y/o emocionales. Estos límites tendrían que partir, idealmente, de aquellos aspectos de la persona que la hacen única. Por ejemplo, los codependientes no soportan ciertas conductas de sus parejas, pero poco a poco van incrementando su nivel de tolerancia hasta que llega el punto donde permiten cosas que se dijeron jamás aceptarían; permiten ser lastimados solo para preguntarse inmediatamente porqué se sienten lastimados. Establecer límites en una relación de codependencia se trata particularmente de una sola cosa, y con seguridad te va a sorprender su obviedad: *de dejar de decir sí cuando es no, y no cuando todo indica que es sí.* A pesar de que no es fácil, lo adecuado es empezar con los propios límites para que más adelante se pueda poner límites a las conductas de la pareja que nos hacen daño. Se puede empezar con asuntos tan triviales como si la pareja no desea ir al cine, hablar, o comer con uno, hay que dejar que así sea: su no es no y es de él o ella. Aferrarse al sí en esta situación es nuevamente querer establecer control sobre una conducta que no está en nuestras manos. Por otro lado, si te pidieran hacer algo que no deseas, sería indicado sostener de la manera más amable posible: "No gracias, no deseo hacer eso hoy". Así sin más explicaciones y evitando decir una mentira.

Finalmente, como puedes ver en la siguiente tabla-radar, hay señales muy concisas que delatan la presencia de una personalidad inclinada a la codependencia, aunque desde luego, no se puede decir tajantemente que si una persona muestra solo uno de estos síntomas significa que sea un codependiente, sin embargo, cuando se presentan tres o más es importante tomarlo en cuenta. Sobre advertencia no hay engaño.

USANDO TU RADAR

Una persona con esta tendencia denotará los siguientes síntomas:

- Baja autoestima (te pido que recuerdes lo que se planteó en el capítulo referente a este tema).

- Mostrar un temor y angustia irracionales al abandono, a la pérdida y fácilmente tender al chantaje o al control.

- Tiene dificultades para poner límites, no se hace cargo de su propia vida, y posee exagerados sentimientos de culpa.

- Preocupación extrema y desmedida por el otro y no así por ella misma.

- Muestra una desenfrenada inclinación hacia las personalidades que son "almas perdidas necesitadas de amor".

Cinco recomendaciones importantes

Recuerda que:

1. Básicamente **un codependiente es un "rescatador" o un "cuidador"**. Obsesionado por controlar la conducta de otro, la persona con codependencia sufre siempre porque no es posible tener el control absoluto sobre alguien más, aunque parezca que sí.

2. **La codependencia tiene su origen en la familia**, si rastreas un poco podrás darte cuenta que uno o dos de tus padres tenían esta actitud. Pero tú no eres ellos, así que libérate.

3. Un codependiente se junta con alguien que le detone esta característica, y por lo regular, es con una persona adicta a una o más conductas nocivas. Lo anterior provoca que una persona con codependencia se vuelva, básicamente, **un adicto del adicto.**

4. El miedo más grande del codependiente es ser abandonado por su pareja, esto hace que no sea capaz de ser proactivo, es decir, de tomar las riendas de su propia vida. Lo cierto es que por mucho que quieras, **nadie va a venir a resolver tu vida** y, si lo hace, te cobrará un precio muy alto. Tú sabes si estás dispuesto a pagarlo.

5. Un codependiente tiene inclinación particular por la culpa y, paradójicamente, es esta actitud la que más lo hace sufrir porque una personalidad tendiente a sentirse culpable es un terreno fértil para que el otro lo manipule y siempre lo hará. **Aprende a decir no cuando es no.**

4. EL MONSTRUO EN EL ARMARIO: MIEDO A LA SOLEDAD

"¿Por qué, en general, se rehúye la soledad? Porque son muy pocos los que encuentran compañía consigo mismos"
CARLO DOSSI

¿Qué es lo que impide a una persona tener vínculos de amor romántico positivos y duraderos? Tal vez esta es una de las preguntas más intrigantes dentro del campo de las relaciones de pareja. Y es una cuestión que obliga a replantearse las dinámicas a nivel mental, emocional y de conducta de alguien que no es capaz de mantener nexos sólidos con las personas con las que se involucra amorosamente.

El poeta inglés John Donne hace una alusión metafísica a la experiencia de estar solo en el poema XVII de sus *Meditaciones*:

> "Ningún hombre es una isla,
> completo en sí mismo.
> Todo hombre es un pedazo del continente,
> una parte de la totalidad."

Lo que en esencia quiere decir Donne es que pese a que el sentimiento de soledad pueda estar presente, sencillamente es imposible que el ser humano esté solo por completo. Incluso en un caso extremo, como podría ser el de un náufrago o un ermitaño, este se tiene a sí mismo para hacerse compañía, tiene el recuerdo de las demás personas y del mundo, más allá de sus horizontes. Entonces, si una persona no puede estar sola absolutamente ¿por qué a la mayoría de las personas les da tanto miedo el estar solas? Incluso, ese pánico está tan arraigado que terminan entregando la propia felicidad a la determinación de un extraño y convirtiéndose en una especie de lisiados emocionales, antes de enfrentarlo.

Pese a que el estar solos es algo natural e inherente a la condición humana —nacemos y morimos así—, se ha generalizado la idea de que estar en ese estado es sinónimo de vergüenza, fracaso y sufrimiento. Y esto es particularmente grave en cuestiones de amor. Incluso en algunas culturas el elegir estar solo se llega a considerar casi un delito, o al menos una seria afrenta a la sociedad; actualmente en China, por ejemplo, una mujer que haya cumplido veintiocho años y siga sin tener pareja, está prácticamente obligada a contraer matrimonio o será repudiada por su familia y círculo social. A tal grado llega la estigmatización.

Lo anterior genera una presión brutal para hacer lo aceptable frente a los demás y no perder el sentido de pertenencia, lo que eventualmente termina entrampando a las personas. Estas "cargas" se generan tempranamente en nuestras vidas y van conformando, poco a poco, las ideas que nos llevan a rehuir el estado de soledad, generando una personalidad temerosa, la de alguien que no tiene confianza en que por sí mismo es acreedor a la más grande valía y que sus decisiones son dignas de ser respetadas.

Las huellas de la intolerancia

A pesar de no ser el único, el rasgo más evidente en el tipo de personalidad temerosa es la intolerancia a la soledad. Dicha intolerancia tiene sus orígenes en dos cuestiones: **una autoestima**

debilitada y huellas de carencia afectiva. Estas personas poseen rasgos característicos como un pobre autoconcepto, dependencia, inclinación al nerviosismo, al pensamiento catastrófico (la certeza de que las cosas siempre saldrán mal) e, incluso, están más cerca de la depresión que las que tienen otro tipo de personalidad. En resumen, perdieron la confianza en sus herramientas para alcanzar una vida plena.

Probablemente no hay nada más útil para emprender acciones y hacerse cargo de la propia vida como la confianza, sin embargo, también es algo difícil de alcanzar y una vez conseguida, inestable. Cuando se extingue se enfrentan serias dificultades para continuar yendo en pos de lo que se desea. El asunto con perder la confianza personal es que en lugar de centrarse en recuperarla por sus propios medios, muchas personas se inclinan por lo más fácil: encontrar a alguien que les dé la confianza ausente, una persona que resuelva su vida y a quien le acaba otorgando un estatus de superioridad. Y esto es el caldo de cultivo perfecto para que la idea misma de la soledad sea insoportable. Se cae en la equivocada creencia de que estando solo las metas deseadas no tienen un valor significativo y aun en el caso de lograrlas, no están completas si no se comparten con alguien.

Por ejemplo, una persona que se desarrolle profesionalmente de forma exitosa o que en otros aspectos de su vida haya alcanzado lo que diligentemente buscó, puede demeritar sus logros y olvidarse de disfrutarlos si cree que estos éxitos no tienen valor porque no puede compartirlos con una pareja. Quiero decir que, en efecto, aunque es muy gratificante disfrutar los logros individuales con la persona que se tiene al lado, el no tenerla no tendría por qué ser causa para no valorar y gozar de ellos. Esta es la razón por la que una baja autoestima (desconfianza de sí mismo), influye notoriamente en el temor a estar solo.

> Muchas son las personas que renuncian a disfrutar de sí mismas por el temor a estar solas, y no se dan cuenta que esa renuncia es, paradójicamente, lo que al final les hace quedarse realmente solas.

El otro aspecto al que nos referiremos es contar con un número significativo de huellas de carencias afectivas, es decir, historias cargadas de decepciones, abandonos y desconfianza por parte de una figura importante en la vida, particularmente en la niñez. Estas huellas han quedado impresas en la memoria emocional de tal forma que, cuando la persona se enfrenta a una situación que la remite a ese momento que le marcó (como sentir que la pareja se puede ir de su lado), utiliza las mismas estrategias con las que se defendió en ese momento; lo que lo complica todo es que esta conducta le impide *asumir el cambio y adecuarse*, es decir, intenta resolver su dilema con estrategias no aptas para esta nueva situación, porque si bien dichas estrategias funcionaron en otro momento, lo que enfrenta ahora, aunque se le parezca mucho, es algo totalmente nuevo. Dicho en otras palabras, seguir desarrollando la intolerancia a la soledad y aplicándola cada vez que ese miedo antiguo regrese, no le servirá para avanzar, sino que la dejará estancada en el mismo problema: la ineficacia de sus relaciones aunque siempre tenga a una pareja a su lado.

Tal vez hayas pensado al leer lo anterior: "Yo no soy intolerante a la soledad porque tuve una infancia protegida y ahora soy muy autónomo, fuerte e independiente, entonces ¿por qué no puedo estar solo?" La respuesta a esta cuestión tiene dos partes. La primera es que no necesariamente las carencias afectivas de las que hablábamos giraron en torno a situaciones de maltrato físico o negligencias graves con dichas figuras, sino que se dieron en un modo más sutil, pero que se arraigaron profunda e inconscientemente. Por ejemplo, tomemos el caso de una mujer que tuvo un par de padres amorosos que le prodigaban cuidados y le solventaban la vida; desde un punto de vista familiar se podría decir que esa persona no tuvo, aparentemente, el impacto de una huella de carencia afectiva, pero si indagamos un poco más podemos descubrir que si bien los padres eran cariñosos y se preocupaban por ella, la relación entre los mismos era neurotizada,* es decir, la dinámica se basaba en una constante puja que incluía chantajes encubiertos, estrategias de comunicación dominantes por uno u otro, dependencia emocional y/o económica de la madre, amenazas veladas del padre y la presencia enmascarada pero constante del abandono y la disolución de la pareja. La niña testigo, aunque supiera conscientemente que era amada por sus padres, *percibía* otra cosa y eso conformó en su mente una zozobra constante de que la relación de sus padres acabara y —al igual que la madre—, ella fuera abandonada por su compañero. Al crecer, esa niña ahora mujer, tiende a buscar un tipo de pareja que le refuerza lo que experimentó, incluso a sabiendas de que eso era un tipo de relación inadecuada; la razón para ello es que, sin importar lo poco o nada funcional de lo que vio con sus padres, *eso es lo que ella aprendió a llamar relación de pareja*, por lo que ahora buscará, precisamente, una lo más similar posible, lo que eventualmente la llevará a no poder procesar la idea de estar sola porque la relaciona directamente con esos momentos de su infancia.

Con respecto a la segunda parte de la respuesta, los intolerantes a la soledad desarrollan muy temprano formas de defen-

---

* Una relación neurotizada es aquella que se da bajo el lema de: "Vivimos peleando pero nos amamos". No se trata de falta de cariño o de una ausencia de pasión, sino que su origen está en que ambos integrantes poseen una disposición permanente para el conflicto (físico o psicológico).

sa en contra de la vulnerabilidad y la sensación de desprotección, como una manera de sobrevivir. En su vida cotidiana, en su trabajo o con sus amigos se desenvuelven adecuadamente (son fuertes, seguros e independientes), pero esto cambia radicalmente al establecer relaciones de pareja, ya que suelen caer en actitudes de idealización, sumisión e, incluso, terminan supeditándose enteramente al otro. El resultado de esto es un desequilibrio permanente que los lleva a descuidar, desde su apariencia física, hasta sus responsabilidades laborales, pasando por olvidarse de la familia y amigos, con el objetivo de no perder a la pareja. Y, paradójicamente, es esto lo que los acerca más a la soledad, ya que las parejas de este tipo de personalidades terminan por sentirse agobiadas por el excesivo cuidado y control, que giran como un satélite alrededor de ellos, provocando que el alejamiento se precipite. Pero, ¿qué pasa cuando el abandono se da? ¿De qué manera reacciona el intolerante a la soledad ante esta situación?

Relaciones de rebote: el mito del clavo hundido

Probablemente, la situación más recurrente en la que terminan cayendo las personas víctimas del terror a la soledad, es la incapacidad para dejar de tener una pareja tras otra. Esa lacerante línea ininterrumpida de relaciones conlleva a la falta de trabajo personal, ya que no existe un espacio de tiempo en el que la persona pueda dedicarse a sí misma, lo que irremediablemente provoca que esos nuevos vínculos sigan sin funcionar por una simple razón: *la persona repite, con la nueva pareja, el mismo comportamiento que con antiguos compañeros, no le funcionó.*

Hay un dicho popular para referirse a esta situación —a intentar superar una pérdida amorosa consiguiendo rápidamente un nuevo amor—, que es "Un clavo saca a otro clavo". Con seguridad es uno de los refranes menos acertados de cuantos se usan coloquialmente. No solo es erróneo, sino también muy peligroso. Basta con que pongamos atención a la imagen que sugiere esta frase para darnos cuenta de su futilidad: si colocamos un clavo encima de otro y martillamos con la esperanza de que el segundo saque de su lugar al primero, lo que termina sucediendo es que el primer clavo se hunde más profundamente bajo el segundo, dando la falsa idea de que ha desaparecido, pero en realidad se encuentra en el fondo —en el caso de una relación amorosa, del corazón y la mente—, lo que hace que el dolor provocado sea más punzante y difícil de erradicar. La trampa está, precisamente, en el asunto de su aparente desaparición; al ya no distinguirlo creemos que se ha ido y tratamos de disfrutar del nuevo clavo que es el que tenemos a la vista, pero entonces se empieza a sentir un dolor inidentificable pero constante que nos amarga la nueva relación que nos ha "rescatado y hecho olvidar". Ese dolor no es otra cosa que la consecuencia de no haber sacado el clavo anterior, mismo que ha terminado por oxidarse en el interior —fuera de nuestra vista—, por tanto ha gangrenado todo en torno a él. Y esta es la razón de que las relaciones de rebote o "sacaclavos" no funcionen: la herida sigue infectada con el viejo óxido de la antigua. Mejor usar la otra parte de la cabeza del martillo para sacar el clavo anterior y dejar espacio sano para uno nuevo. Pero eso lleva tiempo y la mayoría de las personas no están dispuestas a esperar.

¿Por qué, pues, hay tantos que continúan siguiendo este patrón? Peor aún, ¿por qué hay personas que aceptan sin chistar el papel de "clavos de repuesto", sabedores que eso probablemente les llevará al sufrimiento? Cuando se termina una relación, quien busca un nuevo clavo espera sin duda que sea más grande, mejor y que le de lo que no obtuvo antes, por tanto es inevitable caer en comparaciones con el anterior, lo cual devela otro error de no vivir adecuadamente un tiempo en soledad: casi siempre la imposibilidad de no estar solo se acompaña de la necesidad de cobrar revancha de la expareja. Pero esta conducta lo que crea es nostalgia, expectativas desmedidas en la nueva relación, decepción y, finalmente, el estancamiento del conocimiento propio.

En el caso de la persona que acepta ser el clavo de repuesto, la cosa tampoco pinta muy bien, porque al final es a quien le toca asumir la pena del otro y lidiar con las consecuencias de su incongruencia personal. Eso hace que prácticamente sea imposible convertirse en el auténtico amor de la pareja y durante el proceso resulte terriblemente afectado. La recomendación es que si percibes que tu actual compañero aún no logra procesar su anterior relación, te alejes lo más rápido posible de ahí, créeme, si te quedas vas a pagar las consecuencias tarde o temprano. Mejor poner límites inmediatamente que sufrir constantemente.

El nombre adecuado para este tipo de vínculos es **relación de rebote**. Las características de estas relaciones es que llegan casi de inmediato tras un rompimiento y, aparentemente, sanan la soledad en que ha quedado la persona, pero esto se encuentra muy lejos de ser verdad. Tal vez la nueva pareja llene un vacío físico, sexual o económico, pero difícilmente lo hará con el espacio emocional. El asunto con las relaciones de rebote es precisamente su carácter de inmediatez porque el pánico a la soledad, la necesidad apremiante de sentirse valioso a través de una relación o, incluso, el afán de revancha —consciente o no— en contra de la expareja, impiden el tiempo de duelo adecuado para resanar ese hueco que ha dejado el vínculo roto. El fenómeno más alarmante de ir de una relación de rebote a otra es la acumulación del sufrimiento. Lo anterior se refleja claramente cuando tras un tiempo, por lo regular corto, el "rebotador" empieza a sentirse incompleto, experimentando una falta constante de felicidad pese a tener todo lo que desea. Se han sentado las bases para el comienzo de una relación tóxica. En este momento, el "rebotado" se da cuenta que su pareja muestra signos de inconformidad dentro de su relación y no sabe qué está pasando, cuando la enfrenta, esta suele responder que tampoco sabe lo que le sucede, y es verdad. No es capaz de darse cuenta de que la falta del duelo amoroso por su anterior pareja ha hecho que ambas relaciones se acumulen, creando una mezcla de sentimientos de dolor y ansiedad que la llevan a ese estado. Las relaciones de rebote, por lo regular, terminan pronto y también suelen ser más intensas. Cuando acaban, el "rebotador" suele referirse a su rompimiento más o menos en los siguientes términos: "Yo sufrí más por esta relación que duró poco que por mi anterior pareja con la que estuve más tiempo". Pero se engaña, ya que al no haber tiempo de recuperación emocional adecuado entre una y otra, el sufrimiento por ambas se ha acumulado, es decir, al término de la relación de rebote se padece el duelo de dos en lugar de una sola.

Estar sin pareja no es soledad

"Es que sufro porque estoy solo" es la más recurrente queja de mis pacientes; entonces suelo responderles de inmediato: "Explícame algo, cuando dices que estás solo ¿te refieres a que no hay nadie más en este mundo? ¿En tu entorno? ¿No tienes amigos, familia, compañeros de trabajo? Invariablemente todos se me quedan mirando como si fuera un bobo y me contestan: "Eso no cuenta, estoy solo porque no tengo una relación, *no tengo una pareja a mi lado*".

Estoy convencido que el mejor bastión de defensa en contra del miedo a la soledad es asumir de forma conscientemente la siguiente verdad fundamental: *encontrarse sin pareja no es soledad*. Como bien lo dijo el escritor italiano Carlo Dossi en la cita que da inicio a este capítulo, muy pocas personas son capaces de tolerar estar solas y es porque relacionan ese estado con no tener a su lado a alguien constantemente. Pero eso no es necesariamente cierto y poder discriminar entre ambas acepciones es fundamental; es el paso más importante para superar el miedo a la soledad.

Como veíamos anteriormente, la soledad parte de nuestra dependencia infantil y de la falta de consciencia, como niños, de que las personas no solamente existen cuando están, sino también cuando no están con nosotros. En ese sentido y hablando un poco filosóficamente, no es posible estar solos completamente porque siempre hay alguien a nuestro lado, en donde y como sea que nos encontremos. Y esto es porque jamás se está solo, aunque las personas no estén con nosotros viven dentro de uno y eso les otorga significado de existencia, aunque sea en nuestra mente.

Para entender mejor lo anterior es imprescindible que te centres en la diferencia sustancial entre ambos conceptos: *mientras la soledad es un sentimiento, algo que no se ve y exclusivamente se experimenta en el interior de las personas, estar solo es una conducta, lo que significa que es una elección personal y eso hace que no duela vivir en ese estado*. En ese sentido, un ermitaño está solo pero no en soledad, porque libremente ha escogido eso y entiende que de ello puede entrar y salir cuando lo desee. En cambio, si la persona exclusivamente se deja dominar por lo que siente sin capacidad de discernir, es cuando cae en la soledad; permite que el sentimiento la ciegue y le impida ver las posibilidades de autoconocimiento, tranquilidad y felicidad que le pueden dar elegir estar sola. En pocas palabras, el sentir soledad no está en nuestras manos y es producto de ideas y creencias erróneas de abandono o de presiones sociales, mientras que estar solo es una cuestión de libre albedrío que está supeditada a nuestra voluntad. Y más aún, estar solo significa empezar a entender que nos tenemos a nosotros mismos y que no necesitamos forzosamente de otra persona para salir adelante o disfrutar de nuestra vida, ya que uno mismo se convierte en su mejor compañía; se quiere, se mima y se mantiene fiel a su persona. ¿Otro nombre para todo lo anterior? Autorespeto.

Entonces, tener miedo a estar sin pareja no significa que temas estar solo, sino que temes a experimentar el sentimiento llamado soledad, es decir, sentirte solo. El asunto es que pierdes de vista que los sentimientos no son realidades, sino traducciones de la mente. Y en toda traducción van inmersas las ideas personales, lo que nos hace perder objetividad de la situación. La soledad es una cuestión mental, ya que es algo que siente cada quien y no depende necesariamente del sitio en que se está o de la persona con quien nos encontramos, porque es algo unido a lo que se piensa y se cree. Por tanto, a quien le corresponde transformarla en un estado asertivo, vibrante y funcional es a uno mismo y no aceptar la mentira de que por el simple hecho de tener a alguien a nuestro lado, esa persona será la cura mágica para nuestros sentimientos de soledad. No olvides que eres tú quien tiene el control sobre lo que haces con tus sentimientos y no al revés. En la siguiente tabla radar podrás identificar si tienes algunas características del intolerante a la soledad.

USANDO TU RADAR

Ahora identifica las señales más claras de que una persona padece intolerancia a la soledad:

- Tiene en su pasado un historial de huellas de carencias afectivas y vive con pánico a cualquier situación que le remita a las mismas.

- Su autoestima es baja, no confía en que con las herramientas que tiene pueda hacerse cargo de ella.
- Proviene de una relación parental neurotizada.
- Insiste en creer en el mito de que un clavo saca a otro clavo, y va de una a otra relación de rebote, esperando que esta vez la nueva pareja sea mejor que la anterior.
- Si eres tú el "clavo" o el "rebotado", siempre estarás dispuesto a tolerar e, incluso, mendigar el amor de tu pareja y eso te lleva a tratar de complacerla en todo para que se encuentre feliz.
- Después de relaciones terminadas no deja pasar al menos seis meses antes de empezar una nueva.

Cinco recomendaciones importantes

Recuerda que:

1. Tras un rompimiento amoroso es importante que no corras a refugiarte en los primeros brazos que aparezcan. **Afronta el temor**, es cierto que es intenso pero también que no es invencible.

2. Que alguien te haya abandonado antes no significa que los demás vayan a hacerlo, y en caso de ser así, entiende que **nada es para siempre**.

3. **Tu pareja no tiene la obligación de resolver tu vida**, de enfrentar tus miedos y hacerse cargo de ti. Es una elección. Si le cuelgas esa responsabilidad, esa es la forma más rápida para hacer que se vaya de tu lado.

4. **No confundas el sentimiento de soledad con la elección de estar solo.** La primera te domina, mientras que en la segunda tú llevas las riendas.

5. **La ventaja de estar solo es que, quieras o no, te obligas a conocerte a ti mismo**, rompiendo tus límites y desarrollando la capacidad de amarte.

5. EL DESTRUCTOR SILENCIOSO: ANCLARSE A UN MAL APEGO

"Todo apego y obsesión por alguien te hace infeliz, convéncete, te hace infeliz. Porque pretender un apego sin infelicidad es como buscar agua que no sea húmeda"
ANTHONY DE MELLO

Una zorra estaba saltando de montículo en montículo cuando, a punto de caer, se agarró fuertemente de un espino para evitar hacerse daño por caer al suelo.

Pero las púas del espino le hicieron muchas heridas en las patas y le produjeron gran dolor. Entonces la zorra le dijo al espino: "He acudido a ti para que me ayudaras, pero me has lastimado inmensamente".

A lo que el espino respondió: "Nadie más que tú tiene la culpa, amiga mía. Es tu responsabilidad, fuiste tú quien decidió agarrarse de mí. Bien sabes lo bueno que soy para enganchar, para agarrarte bien y evitar que caigas, pero el precio que tienes que pagar es que te voy a herir".

El fabulista griego Esopo demostró con esta historia titulada *La zorra y el espino* la paradoja que crea el apego. Muchas personas terminan siendo como la zorra de la fábula, sencillamente no les gusta confrontarse solas con el mundo, por lo que corren a sostenerse de otra persona por el temor que esto les provoca, y terminan transformando a ese otro en una especie de paracaídas que los proteja del miedo de lo que consideran un peligroso salto al vacío; sin embargo, tarde o temprano, esa manera de vivir terminará pasando factura: serán lastimadas porque están a merced del control de alguien más. Al final, acaban recibiendo más daño que el que les haría "caer" a ese vacío.

Error de percepción

En términos generales, el apego se refiere a un vínculo poderoso y necesario para sobrevivir. Cuando se es niño, ese vínculo es la herramienta más poderosa con la que se cuenta para enfrentar un mundo hostil, teniendo la seguridad de que habrá una base a la cual recurrir en caso de peligro y necesidad de ayuda. Por lo regular, esa base la constituyen los padres. En pocas palabras, podemos decir entonces que *el apego es el vínculo que se establece con alguien considerado más capaz que uno mismo, por lo menos en ciertos aspectos;* y estos aspectos pueden ser tanto físicos como emocionales, mentales y/o espirituales.

Desde luego que el apego es fundamental para sobrevivir durante los primeros procesos de vida, sin embargo, cuando pasa el tiempo y la persona se vuelve adulta, busca resolver de la misma manera las circunstancias actuales de su existencia. Pero lo cierto es que los eventos actuales —si bien pueden ser muy similares a los de la niñez—, no son iguales a los de antaño; por tanto, intentar solucionarlos de la misma forma como se resolvían antes, con el mismo sistema de creencias, pensamientos y conductas es una pérdida de tiempo y una batalla constante que causa frustración y ningún aprendizaje. *La forma de expresión que más pone en evidencia el uso de herramientas obsoletas para enfrentar la vida, es el apego inadecuado.*

Cuando se intenta resolver un problema con recursos que ya no funcionan (aunque alguna vez lo hayan hecho), los resultados son contrarios a lo que buscamos; al repetirse una y otra vez este patrón y darnos cuenta de que por más que lo intentamos el resultado es desfavorable, comenzamos a dudar de nuestra capacidad, y entonces optamos por buscar a alguien que sea "más calificado" para que solucione lo que yo no puedo aparentemente resolver. En lugar de detenernos a cuestionar y reflexionar acerca de lo que hacemos, erróneamente preferimos lo más fácil: atarnos a otro ser que tenga las "respuestas adecuadas". Pero olvidamos que esas soluciones a quien benefician, en primer lugar, son a esa persona, mientras que nosotros quedamos en segundo plano. Este error de percepción es una de las causas que provoca que las personas caigan y se mantengan en relaciones tóxicas.

Este apego inadecuado posee dos características letales que son, por un lado, la falsa creencia de que mientras más dependencia haya, necesariamente existirá más amor o seguridad y, por el otro, la constante posibilidad de agresividad, sea esta verbal, psicológica y/o física por parte de uno o ambos integrantes. Ambos elementos darán como resultado el fin de la relación. *Todas las relaciones de extremo apego son relaciones condenadas a la agresividad y al fracaso.*

¿Por qué una aseveración tan contundente? Porque contrario a lo que quieras creer, cuando eres feliz, incluso inmensamente feliz a expensas de otro ser, eso no puede llamarse felicidad, sino *posesión*. El problema con la posesión es que su deleite es pasajero, es decir, cualquier bienestar que se base solo en tener algo en nuestro poder no se puede gozar para siempre, el auténtico disfrute —y que permanece— se da en la libertad y, paradójicamente, en la inseguridad de su posesión, en saber que en cualquier momento se puede terminar, lo que te lleva a vivir la intensidad del evento, no su duración. Cuando una persona se siente en dominio de otra, automáticamente cree que tiene derecho sobre la misma, cayendo en la conducta más tóxica del apego, que es la negación de independencia e individualidad de su pareja y hasta de sí misma.

Entonces, ¿cómo es una persona apegada? Nuevamente y de acuerdo a Walter Riso, básicamente un apegado es un ser que carece de la madurez emocional necesaria para vincularse en una relación estable y saludable, y presenta tres características elementales. En primer lugar son personas que **poseen bajos umbrales de sufrimiento**, es decir, no desarrollaron una fortaleza que les permita afrontar y sobreponerse a la adversidad. Es posible que hayan sido seres desamparados o sobreprotegidos durante sus primeros años de vida, por lo que su ley del mínimo esfuerzo los lleva a regirse solo por el principio del placer y a evitar rotundamente cualquier cosa que les resulte aversivo. En segundo lugar, **tienen una baja tolerancia a la frustración**, lo cual se resume en un pensamiento del tipo: "El mundo gira en torno a mi persona". Cuando un individuo tiene tolerancia a la frustración es capaz de saber y aceptar cuando ha perdido y debe resignificarse para crecer, lo que quiere decir que es capaz de elaborar duelos y procesar las pérdidas; es capaz de desapegarse. Un apegado no acepta cuando ya no hay nada que hacer en la situación y se esfuerza por mantenerla al costo que sea. Su egocentrismo le impide soltar y reconstruirse. Finalmente, tienen **la ilusión de la permanencia**, que no es otra cosa que la incapacidad para aceptar que nada es para siempre, que todo termina, que los ciclos se cumplen y que cuando esto ocurre no hay nada más sano que cerrar el libro y abrir uno nuevo. Lo cierto es que nada permanece estable siempre, ni siquiera la felicidad, menos aún el amor romántico. Todo termina concluyendo su camino, incluso las cosas que son "para siempre".*

---

* Párrafo basado en un fragmento tomado del libro *Amar o depender,* del autor citado.

La personalidad apegada también es algo que se determina desde mucho tiempo atrás, desde la forma en que nos hemos relacionado con los seres importantes para nosotros en los tempranos años de nuestra vida. Si bien siempre he considerado que la frase —erróneamente atribuida a Sigmund Freud—, "Infancia es destino" debe de tomarse con mucho recelo, admito que, sin determinar nuestro destino, las incipientes experiencias de la niñez influyen fuertemente en nuestro desempeño como adultos.

Tipos de apego

Mary Ainsworth fue, probablemente, la investigadora que más influencia tuvo para que comprendiéramos de qué forma los tipos de apego que definimos en épocas tempranas de la vida tienden a replicarse a lo largo de nuestras relaciones adultas. En 1970 desarrolló un experimento que denominó: *La situación del extraño.* Los resultados de esa prueba, innovadora en su momento, nos ayudan ahora a entender cómo es que tendemos a buscar un cierto tipo de apego específico y no otro. Este experimento fue realizado con niños pequeños que se encontraban jugando con sus madres en una habitación durante cierto tiempo, cuando de repente, entraba por la puerta una persona extraña para el niño. Después de un rato la madre salía del cuarto dejando al niño a solas con el desconocido. Pasados unos minutos regresaba y se reencontraba con su hijo. Entonces el extraño salía de la habitación y madre e hijo permanecían jugando durante un tiempo antes de que esta abandonara de nueva cuenta al niño. Cuando el pequeño empezaba a llorar aparecía el desconocido y trataba de consolarlo. Finalmente, la madre regresaba y reconfortaba a su hijo con lo que la prueba terminaba. Durante el tiempo que duraba, desde otra habitación se grababan todas las reacciones del niño: cuando estaba con la madre, con la persona desconocida y a solas, así como cuando la madre salía del cuarto y el reencuentro de ambos. Haciendo un análisis de los resultados se pudo determinar algo sumamente interesante. Se pudieron observar en distintos niños, cuatro tipos de reacciones, cada una de ellas con características específicas. Estas conductas fueron llamadas **tipos de apegos** y ahora se sabe que *predicen, con grandes posibilidades de acierto, la forma en que el niño se relacionará con otras personas cuando sea adulto.* De acuerdo a Ainsworth, estos son: **apego seguro, apego ansioso-ambivalente, apego evitativo** y **apego desorganizado-desorientado.** De los cuatro mencionados, los últimos tres son **estilos de apego inseguro.**

No todos los apegos son negativos, desde luego, pero la mayoría lo son. Sabes que estás en uno inadecuado cuando tienes que escoger entre ese apego y tu felicidad.

Examinemos cada uno de estos apegos definidos por Ainsworth así como sus características y la manera en que influyen en las relaciones de pareja.

El seguro

Durante el experimento, los niños con apego seguro exploraban libremente el entorno en presencia de su madre, se adaptaban rápidamente al extraño llegando, incluso, a tener relación con él; se inquietaban al faltar la madre, pero cuando esta regresaba les alegraba su presencia y seguían tan seguros como si nada hubiese sucedido. Consolar a los niños de este grupo después de haberlos dejado solos, era bastante fácil.

Un apego de este tipo se desarrolla cuando la relación entre el niño y sus padres se mueve bajo términos de calidez, afecto y estabilidad, lo cual lo hace sentirse amado y se traduce en su interior en aceptación y sentido de valía. Cuando esto ocurre, el niño puede intentar solucionar o vencer situaciones complicadas basándose en la suposición de que es aceptado y está seguro, de que si tropieza o comete un error, no será juzgado ni castigado, sino ayudado y protegido. Todo esto lleva al niño a volverse más confiado en sí mismo para resolver circunstancias adversas en la vida; a tener la firme creencia de que sus ideas son dignas de consideración y, lo más importante, a que de adulto entienda que esa seguridad se encuentra en él, no en factores externos como puede ser una pareja.

En sus relaciones de pareja, al ser la fuente del apego seguro el afecto incondicional, lo vuelve el más adaptativo de los cuatro estilos, lo que quiere decir que tanto el cariño que reciba como el que ofrezca no se basará en exigencias, sino en el intercambio y la aceptación. En ese sentido, tanto él como su pareja, podrán fallar, cometer equivocaciones e incluso desobedecer y no por ello dejarán de dar o perderán el amor del otro. En pocas palabras, sabe que vale por sí mismo, con sus aptitudes y limitaciones, y sin importar eso, será aceptado y querido. Esta manera de saberse le permite al adulto con apego seguro entablar una relación de pareja adecuada y funcional con alguien que también entienda esto. Y lo protege de manipulaciones y chantajes de una personalidad tóxica. En resumidas cuentas, este tipo de personas no sufren de apego, sino que gozan de relaciones confiadas y positivas, pueden elegir mejor a sus parejas ya que cuentan con una autonomía previa, suelen tener un compromiso más auténtico que le provee a la pareja mejor intimidad y, sobre todo, su idea del amor es más realista y favorable.

El ansioso-ambivalente

En el experimento, a estos niños les costaba trabajo separarse de la madre, y cuando finalmente lo hacían, sufrían de ansiedad intensa en la exploración del entorno sin importar si estaban solos, con la mamá, con el extraño o con ambos presentes. Cuando la madre se ausentaba, el niño inmediatamente caía en el estrés agudo, el cual se expresaba por medio de temor y llanto. Al regresar esta, se comportaba ambivalente con su progenitora: quería estar con ella pero como estaba enojado se resistía ante los intentos de atención y cariño de ella, por lo que la empujaba o no se dejaba consolar. Se podía decir que *la castigaba*.

Este tipo de apego que es inseguro, irónicamente se origina cuando los padres intentan aportar seguridad al niño, pero lo hacen bajo sus propios términos de adultos, lo que provoca que las necesidades del chico sean minimizadas, por lo regular bajo la equivocada creencia de "Yo sé más que tú por tanto sé lo que te conviene". Por ejemplo, cuando el niño tiene una inclinación particular por una actividad que no es aprobada por los padres, su gusto por ella es ignorada y, en cambio, se le otorga más atención a otra actividad que satisfaga las necesidades de los adultos. Entonces el niño enfrenta un dilema (la ambivalencia), que es elegir entre lo que desea y sentirse rechazado, o apegarse a lo que esperan sus cuidadores, aunque esto no lo haga necesariamente feliz, para sentirse querido y aceptado. Un cruel y determinante proceso para el pequeño.

En sus relaciones de pareja, este estilo es el que indica mayor posibilidad de apego inadecuado a la pareja en el futuro. Como el niño no puede tomar una decisión sin el temor de sentirse rechazado, poco a poco se ve incapaz de ser fiel a sí mismo y empieza a trocar esa fidelidad a los demás, incluso a costa de su beneficio. De adultos reflejan una clara inseguridad en su capacidad de darle valor a lo que creen, piensan, dicen y hacen. Si su pareja les recrimina abiertamente, o si tan solo ellos llegan a sospechar que se les reprueba algo de lo que son, en automático buscan esconderlo, ponerlo en segundo plano y adecuarse a la manera del otro. Este tipo de personalidad es la que, por un lado, fácilmente cae en juegos de manipulación de su pareja porque esta detecta y explota de inmediato su miedo a no ser aceptado y, por el otro, es quien busca controlar al otro con castigos por haberlo lastimado (¿recuerdas cómo trataba en el experimento a la madre a su regreso?). Este tipo de apego, al estar unido a la dependencia y necesidad de saber que se es amado, crea problemas para ser autónomo; el miedo a la pérdida, el control y la posesión son frecuentes, existe dificultad para romper con vínculos tóxicos y casi siempre hay una precipitación que desemboca en una inadecuada elección de pareja. "No me dejes porque sufro y si sufro te castigaré", es la filosofía que utilizan.

El evitativo

Al llevarse a cabo el experimento se pudo apreciar que este tipo de niño se comportaba de manera distante y fría. No exploraba el entorno sino que parecía analizarlo e ignorar a la madre, incluso mostraba muy poca o nula ansiedad cuando esta dejaba la habitación o cuando el extraño ingresaba en ella, siendo incluso capaz de interactuar con este. Pero acaso lo más revelador era que al regresar la madre el pequeño no mostraba signos de emoción y evitaba el contacto con ella. Casi como si no le importara.

Cuando la premisa inherente de la relación padre-hijo no se cumple, es decir, cuando el cuidador no hace que los requerimientos del niño se satisfagan en cuanto a cuidados físicos, resolución de necesidades elementales e interés por sus sentimientos, este crece con la idea de que, sin importar lo que haga, comunicarle sus necesidades a los padres no tendrá eco ni influencia en ellos y será ignorado, por lo que construye una barrera de involucramiento afectivo y desinterés en expresarle al otro lo que siente. Así es como se forma este tipo de apego inseguro: *se pierde la absoluta confianza en quien se debería confiar.*

En sus relaciones de pareja, como ya le dedicamos bastante a este tipo de personalidad en el capítulo de la adicción/obsesión amorosa, seré más conciso en este punto. Las personas que se mueven de manera evitativa, como su nombre lo indica, suelen tener relaciones frías, desconfiadas y con pánico a la intimidad que ellos ven como control, les cuesta trabajo mostrar su afecto, ya que tienen ideas pesimistas acerca del amor, y por lo regular se escudan detrás de una independencia y seguridad emocionales que enmascara conflictos para establecer vínculos sólidos.

El desorganizado-desorientado

El tercer y último apego inseguro es una mezcla de los patrones ambivalente y evitativo. Durante el experimento, estos niños mostraban un comportamiento caótico, ya que podían llorar o no durante la ausencia de la madre, y cuando esta regresaba se comportaban de forma errática, a veces evitándola, y otras más acercándose a recibir una caricia, solamente para alejarse de nuevo al primer contacto. Algo que resaltaba notablemente era que estos niños tenían conductas repetitivas como balancearse en un lugar de un lado a otro o golpearse a sí mismos.

Lo que se cree que sucede para que se presente este estilo de apego es que los pequeños se ven envueltos en un tipo de relación con los padres en donde hay patologías mentales o al menos una propensión. La patología más recurrente en uno de los cuidadores, principalmente en la madre, es la depresión. En otras palabras, el niño se desenvuelve en un mundo fuera del rango normal y adecuado de la realidad, lo que lo lleva a no saber cómo proceder en situaciones de cierto tipo, particularmente las referentes a afecto y socialización. Al no tener una idea clara de cómo realizar esta interacción, se desempeñan de formas extrañas ante los ojos de los demás, pero absolutamente lógicas para ellos mismos.

En sus relaciones de pareja, básicamente vivir con alguien que muestra este tipo de apego o ser quien lo muestra se define en una sola palabra: caos. El vínculo es una constante montaña rusa de emociones, sentimientos y conductas que desgastan enormemente a los involucrados. Nunca se sabe qué esperar, ya que siempre hay un comportamiento cambiante con la pareja por parte del desorganizado-desorientado. Incluso algunas veces se les suele llamar coloquialmente "bipolares", aunque no sean así.* Para quien esté con una pareja de este estilo, la vida se vuelve una constante zozobra e inseguridad, en todos los sentidos.

Creer lo equivocado

Ahora la pregunta del millón: ¿se puede pasar de un apego inseguro a un apego seguro? Y la respuesta es sí, absolutamente. Es claro que todas las personas tenemos algunos rasgos de los cuatro estilos de apego, y a veces los presentamos si las circunstancias son las adecuadas, sin embargo, también es cierto que hay una de ellas que domina más nuestra personalidad. Identificar

---

* Desde luego el término bipolar no tiene que ver exclusivamente con cambios de humor e inseguridades, sino que es algo mucho más profundo, delicado y de intenso escrutinio médico y psicológico, por lo que su uso implica mucho tacto.

cuál de los tres tipos de apego inseguro es el que se encuentra en mayor medida en nosotros es el primer paso para erradicarlo.

Cuando el apego se va al extremo, cruza velozmente la frontera hacia el sufrimiento. Para evitar recalar en eso, es imprescindible que entiendas algo: *el apego amoroso no es un hecho, es una creencia.* Estar apegado a alguien significa que has decidido aceptar —por un convencimiento personal—, que no puedes estar sin el otro, que sin su presencia no puedes ser feliz, y que sin esa persona en tu vida no tienes seguridad, esto es pues, un apego inseguro. Pero la realidad es que no es así, te apuesto a que si te pones a pensar y echas mano de tu honestidad recordarás cómo has logrado sobrevivir sin el otro cuando ha sido necesario; pese a todo, has seguido hacia adelante y has resuelto esas situaciones conflictivas, eso es un hecho, no una fantasía ni una creencia, ha ocurrido antes y seguramente lo volverás a hacer.

¿Por qué sucede esto? Porque en los momentos en que necesitamos sobrevivir, los seres humanos hacemos lo que sea para lograrlo, nos aferramos a lo que nos mantenga en la lucha y vivos, se llama instinto de supervivencia y surge del amor a nuestra propia persona, es decir, encontramos el apego seguro en nosotros mismos y lo ponemos en práctica. Esto se da particularmente en momentos de crisis, como puede ser una relación insana o una ruptura amorosa: podemos sobrevivir sin él o sin ella porque es algo que está en nuestra naturaleza y esto también es un hecho. Sin embargo, la mente nos traiciona, solemos dejarnos dominar por las creencias y no por los hechos que se han dado en nuestra vida. ¿Cómo una madre puede sacar avante sola a sus hijos? ¿Un esposo con el corazón roto rehacer su vida y volver a amar? ¿Cómo tú has podido —te lo aseguro— sobrevivir a heridas emocionales intensas y has seguido adelante? La respuesta es que te situaste en el hecho, no en la creencia. Te enfocaste en resolver la situación, no en que si podías o no hacerlo sin herramientas que creías indispensables, como puede ser la presencia de una pareja. Así es como todos nosotros alguna vez hemos puesto en práctica la confianza, el empeño, la creatividad para resolver problemas y el amor hacia uno mismo. Esto significa que eres capaz de pasar de la inseguridad de no contar con alguien en tu vida a la seguridad de confiar y amarte a ti mismo. La mejor forma de trasladarte de un estado a otro es saber y recordar cuándo lo has hecho antes, en otras etapas de tu vida. La información está ahí, ahora accede a ella. Nada ni nadie es indispensable y aceptarlo es el inicio de la liberación de creencias obsoletas y la bienvenida a aceptar los hechos como son.

USANDO TU RADAR

Ahora identifica algunos aspectos relacionados con el apego su función y su origen:

- Es un vínculo necesario para sobrevivir de pequeños, y dependiendo del tipo de apego vivido con los padres, se determina el estilo de vínculo con la pareja.

- Cuando hay un apego seguro de pequeños, se tendrán relaciones sanas, benéficas y el amor estará presente en mayor medida.

- Si el apego es inseguro de niños, se tendrán relaciones de pareja de control, ansiedad, celos, sufrimiento y miedo al abandono.

- Todas las personas presentan, por momentos, los cuatro estilos de apego, pero siempre hay uno que domina.

Cinco recomendaciones importantes

Recuerda que:

1. Al igual que la zorra de la fábula, el mayor riesgo que se corre al temer estar sin pareja es que te aferres a una persona que no solamente no te conviene, sino que **eventualmente terminará lastimándote más de lo que te beneficiará.** Tú eliges.

2. A pesar de que el apego es un mecanismo fundamental para cualquier ser humano en la infancia, la manera en que este se desarrolló, si bien no determina su futuro, **sí influye notablemente en su manera de relacionarse con otras personas ya de adultos.** Es importante identificar cuál tipo de apego desarrollaste en la infancia para conocer por qué actúas como lo haces en pareja.

3. **Todos tenemos los distintos tipos de apegos pero hay uno que nos rige.** Una buena manera para saber cuál es el más dominante es bucear en el pasado para encontrar momentos en los que las características de un determinado tipo de apego se manifestaron.

4. Se puede pasar a un apego seguro en caso de ser necesario, siempre y cuando aceptes que **las elecciones hechas en el pasado no necesariamente servirán para resolver situaciones similares en el presente.** Cada circunstancia es única, por lo que no puedes repetir mecánicamente las respuestas que funcionaron antes.

5. Ten en cuenta que el apego a una pareja no es un hecho, sino una creencia. **En la medida en que te sitúes en el hecho, es que saldrás adelante.**

6. El talón de Aquiles:
caer en el chantaje manipulador

Es probable que alguna vez alguien te haya propuesto realizar, pensar o decir algo que tú no deseabas y de repente, sin saber cómo pasó, terminaste haciendo eso que no querías. Lo más seguro es que a la incredulidad que te embarga en principio, le sigan sentimientos de profunda incomodidad y confusión, porque de pronto descubres que has sido manipulado. Si bien en algún momento de nuestra vida todos manipulamos a otras personas, cuando esto cae en el extremo se convierte en un mecanismo muy peligroso llamado chantaje manipulador. No toda manipulación es negativa, pero cualquier chantaje es, indudablemente, perverso.

La manipulación en forma de chantaje se refiere a exigir, ya sea de forma consciente o involuntaria, a otra persona que piense, sienta y/o accione de acuerdo a los propios deseos, puntos de vista o necesidades del manipulador. Esta actitud, desafortunadamente, es una de las prácticas más usadas en los conflictos de pareja y es una de las que más fácilmente desemboca en una relación tóxica. El arma de la manipulación emocional se basa en maniobrar los sentimientos para que la pareja se sienta presionada a hacer algo que no quiere o no le conviene, *en aras de no perder la relación.* Aquí entran en juego conductas como ignorar al otro, las amenazas —sean estas directas o enmascaradas—, los castigos emocionales, físicos y financieros, e incluso, la actitud de víctima que hace sentir culpable a los demás.

Las personas manipuladoras al extremo también muestran un cúmulo de conductas muy estructuradas que pueden identificarse. Por ejemplo, un chantajista en realidad no ama, sino que depende y usa la mentira del perdón para mantenerte a su lado para después no dejar de recriminarte por "tu falta". El uso de la amenaza de suicidio es otra forma muy recurrente de chantaje manipulador —en realidad esas personas no quieren matarse ni lo harán, si eso sucede será por accidente y no por convicción—. Como son celosos no son directos ni claros en lo que piden, quieren o esperan y, particularmente, alguien con estas características usará la moral, la cuestión económica, a los hijos o la posición social para dominar a su víctima.

La lucha por el poder es también uno de los principales motivos para manipular. Poco a poco se busca detectar y aprovechar los puntos débiles en la pareja para entonces producir una mezcla cancerosa de miedo, obligación y culpa. El manipulador desea que sus necesidades se pongan por encima de las del otro y recurre al "lo mejor para la relación" para validar su actitud. El peligro está en que, si bien es cierto que en una relación se deben hacer concesiones, es decir, ceder cosas de vez en cuando para un mejor funcionamiento de la misma, cuando esto se exagera —tanto en dar como en esperar—, termina por pasar al campo del vínculo nocivo y se da una relación asimétrica, entre una parte que considera que las cosas siempre deben de hacerse a su manera, y otra que termina por convencerse de que su forma de pensar, sentir y hacer es incorrecta.

Por lo regular, la tendencia al chantaje manipulador proviene de un cuadro parental en donde se encontraban presente una madre o padre extremadamente dominante y un padre o madre incapaz de poner límites a ese dominio. Eso es lo que el manipulador aprendió a llamar "relación de pareja", es decir, una dinámica no de amor, sino de poder, en donde triunfar pasando por encima del otro era lo normal e incluso, lo esperado. También es probable que se haya vivido bajo el síndrome denominado *familia narcisista*, donde el pequeño estaba en contacto con uno o ambos padres que consideraban al hijo una posesión —una de las manifestaciones de ello es la sobreprotección— e incluso, es posible que haya padecido envidia por parte del padre o la madre.

Los padres, dentro de este sistema, demandan comportamientos específicos de parte de sus hijos porque los ven como una extensión de sí mismos y necesitan que estos sean una especie de representantes de ellos en el mundo para que satisfagan carencias emocionales que poseen. El asunto se complica porque, como bien lo dice Richard Boyd, notable investigador del Energetics Institute de Perth en Australia: "Es una verdad psicológica incuestionable que los niños deben ser tratados independientemente de sus padres para que el proceso de separación de estos sea sano. Cualquier niño que sea tratado como un simple extensión de las necesidades y la imagen de los padres, verá comprometida su capacidad de crecer con un sentido sólido y estable de su autoconciencia".*

Entonces, el niño puede sentirse obligado a, como extensión del padre, cumplir de manera "social" un rol determinado que le permita granjearse el cariño realizando lo que se espera de él,

---

* En un artículo aparecido en 2011 en la revista del *Energetics Institute*, Boyd, hace referencia a la importancia en el proceso de separación que, como entes individuales, los niños de entre dos y cinco años deben sufrir de sus padres. Cuando esta separación no se cumple, el resultado puede ser una personalidad narcisista, manipuladora/manipulable e intolerante a la frustración. El artículo en cuestión es "How early childhood oedipal narcissistic development affects later adult intimacy and relationships".

es decir, al mismo tiempo que es manipulado, también manipula la situación para adaptarse. El posible resultado de esta dinámica familiar es que el niño crezca con cualquiera de las dos vertientes: personalidad chantajista/manipuladora o chantajeable/manipulable. La vertiente que se manifiesta lo determina otros factores como la capacidad de resiliencia, el lugar ocupado entre los hermanos, la educación o, incluso, el género. Pero en cualquiera de los dos casos, la semilla de este tipo de actitud se ha sembrado desde el seno familiar. Y esto genera manipulación extrema de lo demás, pero también con uno mismo, porque en el fondo el manipulador solamente quiere replicar la estrategia que aplicaron con él y la cual confunde con amor.

Tanto si te encuentras en una o en otra situación debes recordar que para poder defenderte del chantaje manipulador, ya sea propio o de otra persona, por un lado, hay de entender que el fin último de esa acción es convertirte en un títere o en un guiñapo. Quien actúa de esta forma es un ser con espíritu de capataz de campos de algodón y que buscará por todos los medios convertirte a su verdad: "Tú y tu vida son de mi propiedad". En palabras de un gran estudioso del chantaje y la manipulación, Walter Dresel: "(…) la violencia psicológica, la violencia física y el chantaje emocional se han convertido en los preferidos de quienes pretenden hacer de nosotros sus esclavos perpetuos. Todo depende de tu valor y de tu coraje para redimirte de las pesadas cadenas que hoy te atan a una vida indigna".* Para poder defenderte de un manipulador, te invito a grabarte con fuego, en la mente, la siguiente afirmación: *una persona manipuladora y chantajista solamente puede dejar de serlo*

---

* Acerca del asunto de la manipulación, Dresel, notable médico uruguayo, ha escrito mucho y posee un conocimiento profundo acerca de los procesos que llevan a las personas a caer en este tipo de conductas, tanto si son las víctimas como si resultan ser los manipuladores. La cita en cuestión está tomada de su libro *Yo te manipulo, y tú ¿qué haces?*

cuando ya sus trucos no tienen efecto en su víctima y para eso es necesario que esta le ponga un alto.

Métodos de chantaje y manipulación

Aunque, como ya te advertí, hay muchas formas de manipulación en las relaciones de pareja —algunas de las más comunes son el castigo, la victimización, el uso del silencio, las promesas eternas, el dar para recibir o el ignorar al otro—, básicamente todas se pueden agrupar en tres grandes estrategias para ejercer chantaje: **la vergüenza, la culpa y el miedo.** El uso de cada uno de estos métodos depende de diversos factores como el grado de relación entre los miembros, de su género, de su edad, entre otros; pero, particularmente, lo que determina la elección y aplicación de estas formas son *las carencias emocionales del manipulado, sean reales o imaginadas, y las actitudes que surgen de dichas carencias.*

También es posible que, de acuerdo a cómo avanza la dinámica de pareja, los involucrados pasen de una forma a otra para seguir eternizando el círculo vicioso. Así pues, cada uno de estos métodos tiene características muy particulares con respecto a su despliegue, y conocerlos puede darte algunas herramientas para que aprendas a defenderte si te encuentres en esa situación.

El uso de la vergüenza

Por lo regular, este tipo de chantaje manipulador es el primero que se presenta en una pareja porque es al que más fácil se puede acceder. Aun cuando no se conozca demasiado a la otra persona, es relativamente fácil detectar cuáles son las cosas que pueden provocar una sensación de vergüenza en ella y usarlas para conseguir ciertos fines.

La vergüenza es un sentimiento ocasionado por una acción que el inculpado cree que es deshonrosa y humillante para sí mismo, dando como resultado que la persona experimente una timidez inevitable ante la situación, y eso le impida decir o actuar al respecto; se puede decir que es la sensación de fracaso que se experimenta al creer que no se pudo lograr algo por cuenta propia. También es considerado como uno de los estados más displacenteros, ya que provoca comportamientos de inadaptación, como pueden ser la confusión mental y la torpeza al hablar o accionar. Todos sentimos vergüenza alguna vez y es normal, sin embargo, cuando este momento es aprovechado por un manipulador, la cosa se agudiza dramáticamente. La persona que usa el chantaje sabe perfectamente de qué forma convertir ese sentimiento en algo que haga sentir al manipulado que al vivir esa situación, se corre un peligro mortal. Cuando esto ocurre, el chantajeado siente que para evitar o cambiar el momento vergonzoso debe de hacer algo al respecto, pero como su vulnerabilidad le impide hacerlo por sí mismo, termina tratando de evitar o reparar dicha falta haciendo precisamente lo que el manipulador quiere que haga o, en el peor de los casos, no hace nada para evitar el conflicto y deja la batuta y el control al otro.

Cuando te consideras "inferior" en algún aspecto frente al otro, por ejemplo, en habilidades sociales (un tema por demás recurrente), convives con la idea de que no eres capaz de interactuar con los demás de una forma adecuada y aprobada. Sucede entonces que una pareja manipuladora usa esto para aumentar tu desconfianza en esa habilidad y así controlar la manera en que actúas en dicha situación. Puede recordarte constantemente tu insuficiencia, sutil o abiertamente, para que no hagas ciertas cosas o las hagas como ella desea. *La actitud clave de este chantajista es potenciar la inhibición, y la del chantajeado, aceptar la sumisión a dicha idea inhibitoria.* El resultado es que acabas angustiándote de manera anticipada ante la idea de ponerte en una posición donde sentirás indefensión, pasando entonces el control de la acción a tu pareja para que ella haga lo que mejor crea conveniente. Precisamente lo que el manipulador quiere.

Los manipuladores, por medio de la vergüenza, usan la técnica del estrés y el alivio. Seguramente has visto este método en la televisión o en el cine, es también llamada la técnica del "policía bueno y el policía malo". Primero se provoca en el manipulado una sensación de presión y ansiedad ante la situación que le hace sentirse confundido y después se le da un alivio, proveyéndole una opción que le de tranquilidad. En estos casos ese sosiego sería la presencia salvadora del manipulador que se hará cargo por él de la situación que le agobia. La persona le otorga todo el poder al otro, completándose así el ciclo: ahora su pareja está por encima de él. Asimismo, la técnica de usar una especie de sarcasmo sutil e insinuaciones ofensivas va encaminada a hacer sentir al otro indecoroso e incorrecto con el fin de acrecentar sus miedos, prolongando el sentimiento de incapacidad personal en el afectado, estableciéndose así el dominio del chantajista.

Una de las mejores defensas en contra de la vergüenza manipuladora es la de reconocer que no somos perfectos y nos equivocamos de vez en cuando y que, lejos de sentir embarazo ante algunas situaciones, fallas o carencias de habilidad, estas también forman parte de nuestra humanidad y no hay nada de malo en eso. Cuando somos capaces de aceptar que, en efecto, hay situaciones que nos ponen roja la cara de vergüenza, en las cuales nos mostramos torpes y con falta de habilidad, podemos defendernos si alguien quiere usar esas situaciones que nos angustian para intentar que hagamos lo que esa persona requiere.

> Cuando una pareja manipuladora te dice: "¡Cómo has cambiado!", lo que en realidad te quiere decir es: has cambiado de forma que ya no puedo ejercer control sobre ti. De manera que al escucharla, ten la seguridad de que vas por buen camino.

El uso de la culpa

Tanto la culpa como la vergüenza tienen su origen en un carácter moral, es decir, sentimos una y otra porque tenemos la sensación de que hemos hecho algo equivocado e inaceptable en nuestro entorno y, particularmente, en nuestra sociedad, por lo que merecemos ser castigados. A esto último, básicamente, se le llama culpa.

La culpa surge del convencimiento de que hicimos algo que no debimos hacer o, en caso contrario, que no hicimos algo que debimos haber hecho. En cualquiera de estas situaciones, el mayor error es caer en la tiranía de los debería, es decir, el establecer reglas inflexibles que, de acuerdo a nosotros y nuestra particular creencia, tendrían que regir los pensamientos y conductas de todas las personas. La tiranía de los debería provoca que juzguemos a los demás de acuerdo a nuestras propias normas rígidas, olvidando que cada persona es un mundo diferente y, por tanto, actuará de acuerdo a lo que considera que es mejor. Peor aún, los debería hacen que nos juzguemos brutalmente, dando como resultado que cuando no alcanzamos a cumplir con los estándares impuestos —ya sean propios o adquiridos— y que consideramos correctos, nos sintamos culpables y merecedores de un castigo. Es aquí en donde entra la manipulación de la pareja.

Si tienes una personalidad con tendencia a la culpa estás en un serio problema porque sentirte culpable te convierte, en automático, en una presa fácilmente deformable. Si tienes la mala fortuna de estar con un chantajista manipulador seguramente aprovechará esta tendencia para intentar controlarte. Tu pareja sabrá cuando y bajo que específicas circunstancias vas a sentirte mal por algo y procurará recordarte constantemente, ya sea con palabras o actitudes, que estás cayendo en ello, para que de esta forma cambies y hagas lo que ella desea. El asunto es que cuando alguien te manipula así, siempre lo hace utilizando recursos que no son reales, que solamente se encuentran en tus creencias erróneas, en el campo fértil de tu mente. A diferencia de los chantajes a través de la vergüenza, en donde te hacen sentir mal por algo que probablemente hiciste incorrectamente, con el sentimiento de culpa el control está centrado en mentiras que terminas aceptando.

Las actitudes clave de este tipo de chantajista manipulador son **la crítica y el chantaje**, en tanto que la del chantajeado manipulado es **el juicio severo a sí mismo**. Mediante la crítica, la pareja que manipula quiere hacer sentir al otro que ha hecho algo "malo", que realizó una acción que le traerá consecuencias severas y que esto le convierte en un monstruo; a través del chantaje, el manipulador espera que jugando el papel de víctima, la pareja caiga en su juego y siga sus reglas. La culpa, entonces, se genera y a su vez crea autocastigo, y esta dupla asesina es la base del sufrimiento que se da por la manipulación en la pareja.

Pero ¿de qué forma defendernos ante un manipulador que usa el sentimiento de culpa? La respuesta es a través del **autocuidado**. La palabra autocuidado se conforma de dos vocablos: del griego *aúto* que quiere decir propio y del latín *cogitātus* que significa pensamiento. Etimológicamente hablando se refiere al hecho de pensar en nosotros mismos; pero el solo acto de pensar no es suficiente para promover nuestro autocuidado, sino que requiere de un paso más: *necesita que pensemos adecuadamente de nosotros*. Para ello hay que acudir a las reservas que naturalmente se encuentran en cada ser humano, y que ayudan a que el autocuidado se haga presente, estas reservas son *el amor y el respeto para el autoconsumo psíquico.*

Por lo regular, en una pareja se usan términos de consideración y amor con respecto al otro, o para referirse la relación en sí, pero muchas veces, en este vínculo amoroso, el uso de esas expresiones se obvia con respecto a nosotros mismos. Creemos que el cariño y el respeto solamente se dan hacia afuera, cuando en realidad y antes que nada, deben establecerse al interior de cada persona. La primera deferencia y acto de ternura que debemos de tener es hacer caso a nuestras necesidades, a lo que deseamos y en lo que confiamos que es mejor para nuestros intereses. En ocasiones esto se contrapone con las creencias que tenemos y nos confunde, pero cuando decidimos actuar siendo fieles a ello, la firmeza y claridad de nuestros proyectos y de lo que somos nos alejan del camino de la culpa y la manipulación. El autocuidado consiste en *reconocer, aceptar y aplicar en la vida, aquello que somos y queremos, sin culpa, sin castigo.* Somos lo que somos y no hay nada de malo en eso. Si la pareja no lo comprende o le parece que estamos "equivocados", y quiere hacernos sentir culpables por ello, simplemente es alguien que no nos conviene.

El uso de la agresión

Esta es, probablemente, la más peligrosa de las estrategias chantajistas y manipuladoras. Cuando alguien te obliga a hacer algo que no quieres, utilizando ataques verbales, el terrorismo psicológico o la violencia física, es momento de buscar ayuda en todos los ámbitos: familiar, psicoterapéutico y/o legal.

Lo primero que debes saber es que hay, en términos generales, tres tipos de señales que pueden delatar la presencia de un manipulador agresivo: la psicodinámica, la pasiva y la física. **El aspecto psicodinámico** se refiere a aquello que comprende el ámbito psíquico, ya sea este consciente o inconsciente. Aquí entran las emociones y los sentimientos. De acuerdo a María Cristina Bertelli, una destacada psicóloga argentina, hay varios aspectos que determinan este primer aspecto en la personalidad del manipulador agresivo: baja autoestima, expectativas irreales de la vida, dificultad para mostrar sentimientos, el uso de monólogos en lugar de diálogos al querer expresarse, depresión, una especie de omnipotencia que le hace querer ser "todo" para el otro, dependencia emocional de la pareja, pero —y esto es el que me parece más importante de lo que menciona Bertelli— muestra, más que nada, una enorme capacidad de persuasión para conseguir lo que quiere, a través de los demás.

Por otro lado, **la agresión pasiva** tiene que ver también con una dimensión psicodinámica, pero al mismo tiempo, comportamental, es decir, con aspectos relacionados a las conductas como amenazas y agresiones verbales, y de control, referentes a tu aspecto, creencias y tu toma de decisiones. Un manipulador que se encuentra en este nivel de agresión hará hincapié en la forma en que te vistes, con quien sales, las amistades que tienes, cuestiona tus gustos y minimiza, por lo regular por medio de palabras ofensivas, quien eres. Por ejemplo, supón que van al cine y cuando están decidiendo la película que verán, tú propones que vean una comedia de romance; una pareja asertiva que esté en desacuerdo (lo cual es normal ya que todos tenemos gustos diferentes), te dirá que no desea ver esa película, que desea ver otra y tratará de que encuentren juntos la manera de mediar la situación, pero un manipulador no solo te hará ver que no desea entrar a esa película, sino que *te hará sentir* que tu elección es equivocada, cursi o abiertamente estúpida y esto lo hará metiéndose con tu propia persona y no con tu acción; es decir, te criticará a ti por tu elección, no al hecho de haber optado por algo distinto a lo que el quiere.

Y finalmente llegamos al **manipulador agresivo físico** que es, por mucho, *el más peligroso de todos*, ya que es aquél que usa los exabruptos violentos para dañar la integridad física de su víctima. Este tipo de abusadores utilizan el poder que les otorga el ser más fuertes, más hábiles o poseer alguna capacidad de lastimar para someter a sus parejas. Son, en una palabra, los golpeadores. El chantaje se hace patente por medio de la agresión física. "Si no haces lo que quiero lo lamentarás dolorosamente", sería su lema. Hay señales muy claras de lo que el comportamiento de este tipo de persona nos dice. Por lo regular, vas a encontrar en ellos algunas de las siguientes conductas: celos que rayan en obsesión,* arrepentimiento posterior a un ataque —te pedirá perdón por lastimarte y jurará que no lo volverá a hacer— y te castigará por lo que considera "tus fallas de carácter". Una persona de este tipo no es necesariamente mala, pero sí es peligrosa porque al encerrar sus cobardías e inseguridades y no encontrar una forma adecuada para trabajarlas, las llevará al plano de la agresión física.

La fórmula de un manipulador agresivo es el ataque velado o abierto, mientras que el manipulado asume la indefensión total y la no acción. En esta radica el abuso de poder que es necesario para que se dé este tipo relación. Se crea un círculo vicioso por

---

* Con respecto al tema de los celos obsesivos o celotipia (su nombre más clínico), un importante estudio llevado a cabo por Daniel Jay Sonkin y Lenore Walker y que apareció en su libro *The Male Batterer, a Treatment Approach* (El macho golpeador, un enfoque de tratamiento), hace la siguiente afirmación a la cual, desde mi punto de vista, debe prestarse mucha atención: "Los celos (celotipia) deben entenderse como un indicador significativo de (un) potencial homicida".

la falta de límites de la víctima (la no acción), que detona a su vez el incremento en el ataque del manipulador agresivo. Cuando la víctima se cansa, por lo regular ya es muy tarde, y los resultados pueden ser trágicos: el responder a la agresión física con una aun mayor, por ejemplo, el asesinato.

En tu siguiente tabla-radar podrás tener más luz acerca de las características que presentan los manipuladores. Úsala como referencia rápida en tu día a día.

USANDO TU RADAR

Reconoce las señales más claras de un manipulador:

- Cuando hay una exigencia para que un miembro de la pareja haga algo que esté en contra de sus deseos, creencias o pensamientos, con el fin exclusivo de satisfacer las ideas del otro, hay manipulación.

- Un manipulador usará de manera repetitiva las mentiras o "verdades a medias" para convencerte de que es él quien tiene la razón y lo hará usando tus carencias, con o sin fundamento.

- Por medio de la vergüenza, la culpa o la agresión, una personalidad manipuladora busca detonar los puntos débiles de la relación, lo que hará reclamándote lo "tonto", "malo" o "insensible" que has sido.

- Un manipulador, por lo regular, adopta el papel de víctima de tus actos. Por tanto te obliga a "subsanar" la herida que has provocado.

Cinco recomendaciones importantes

Recuerda que:

1. Cuando tu pareja emplee la estrategia clásica de chantaje y manipulación pasiva como el uso de frases "lo que tú digas" o "como quieras" o alguna para que hagas lo que ella desea, tómale la palabra y **procede como *tú* quieras.**

2. No tengas temor de sentirte torpe, inseguro o avergonzado en una situación determinada. Si aceptas que eres un ser humano y que también eso forma parte de ti mismo, no le vas a dejar mucho margen al chantajista manipulador para usarlo en tu contra. **Acepta que no eres perfecto y eso está muy bien.**

3. Si descubres que convives con un agresivo físico, ten mucho cuidado, empieza por contárselo a personas cercanas a ti que sepas que no le dirán a tu pareja. Si las agresiones físicas se presentan, acude de inmediato a las autoridades. **Si lo dejas pasar las primeras veces, cada día se volverá más difícil y peligroso hacer algo al respecto.**

4. Si tú y/o tu pareja muestran **celos desmedidos hacia el otro,** es bastante probable que puedan estar acercándose a la dimensión de la agresividad y que solamente sea cuestión de tiempo para que ese control se convierta en violencia emocional, verbal o física. Tienen que poner atención a las señales.

5. Si eres tú el agresor es momento de que entiendas que **aunque estás consiguiendo salirte con la tuya, no estás obteniendo ganancias.** Tarde o temprano habrá consecuencias, que no las veas en este momento no quiere decir que no vaya a haberlas. Acude en busca de ayuda profesional.

7. EL PATÉTICO:

PONDERAR LA VICTIMIZACIÓN

"Nadie me quiere, todos me odian, mejor me como un gusanito.
Le quito la cabeza, le saco lo de adentro y ¡mmm, que rico gusanito!"
CANCIÓN POPULAR

Supongamos que un día tu pareja te pide terminar diciéndote que ya no desea estar contigo y que, incluso, se ha enamorado de alguien más. Después del shock inicial que esto te causa y la rabia que puedes sentir, se detona un sentimiento que parece completamente justificado. De pronto todo lo que pasa contigo, con tus pensamientos y tu conducta está encaminado a lamentarte por tu pésima suerte con respecto al amor y por la mala persona que te ha "traicionado". Te tiras al suelo esperando que alguien te levante y empiezas a quejarte con todos —familia, amigos e incluso con tus desconocidas amistades virtuales de las redes sociales— acerca de lo que te hicieron y tratas, por todos los medios, de establecerte en un lugar que produzca lástima y conmiseración; así puedes comprobar que no eres más que un pobre mártir de las circunstancias e inmolado en aras de la perversidad del otro. Has caído en una reacción muy peligrosa llamada **victimización**.

Quiero dejar en claro que en este capítulo no me referiré al asunto de la victimización en su aspecto criminológico, penal o de conciencia humanitaria, sino que solamente haré alusión al aspecto interpersonal del mismo. Esto es importante porque este término puede aplicarse a un amplio rango de ámbitos como la cuestión laboral, religiosa, de guerra, entre otras. Una vez hecha la aclaración anterior, es momento de tratar de entender que es este asunto de la victimización en nuestras relaciones interpersonales.

Cuando en el transcurso de cualquier tipo de relación —con pareja, familia, amigos, compañeros de trabajo, etc.— hemos tenido la certeza de que ha habido una conspiración en nuestra contra o de que los demás nos han hecho acreedores de un castigo que consideramos injustificado, una de las formas inmediatas de reaccionar es estableciéndonos en el papel de víctima. Esta actitud surge, en un principio, por la creencia personal de que lo que nos han hecho fue *injusto,* y posteriormente se refuerza por la *certidumbre* de que esa acción fue planeada con alevosía y ventaja, exclusivamente para nosotros.

En cualquiera de los dos casos parece haber una razón válida para creerlo y puede, incluso, que a veces sea así, que haya habido una injusticia y que ese acto fue con ánimo de lastimarnos. Sin embargo, la mayor parte de las veces en que la creencia victimizante hace presa a nuestra mente, es posible que nuestra visión esté empañada por distorsiones creadas por traducciones sentimentales erradas. ¿Qué quiero decir con esto? Que si bien en todo hecho que nos afecta directamente se encuentra presente un componente doloroso, esto no necesariamente significa que la persona que lo ha provocado lo hizo con el afán de dañarnos. Pero aun con ello, el pensamiento central de la victimización sigue siendo: "Se aprovecharon de mí".

Como decíamos que esta creencia proviene del sentido de injusticia, también es adecuado preguntarse qué tan real es este concepto. Cuando, siguiendo el ejemplo anterior, tu pareja te ha dicho que ya no quiere estar contigo, la actitud víctima se dispara hacia sentirse traicionado o defraudado; crees que lo que te están haciendo no es algo justo y que el otro no ha tomado en cuenta tus sentimientos, el amor que sentías por él o el sacrificio que hiciste por la relación. Sin embargo, al simplificar las cosas de esa manera, lo que hacemos es reducir el asunto a dos extremos.

Por una parte, colocamos al otro la etiqueta de bandido insensible que nos ha robado todo lo que teníamos —literal o emocionalmente— y por tanto es un monstruo cuya única intención siempre fue herirnos. El problema de hacer esto es que dejamos de ver y entender los motivos de esa persona, lo cual hace que sea imposible un entendimiento para que cada quien asuma su responsabilidad, porque al fin y al cabo, una pareja está formada por dos individuos y ambos colaboran para obtener tal o cual resultado en dicha relación. Si no se reconoce la responsabilidad, entonces ¿de qué manera esperamos obtener un aprendizaje de lo que ha sucedido? Si nos negamos a aceptar un motivo válido en la lógica del otro y un grado de responsabilidad (no de culpa) en nosotros, ¿cómo esperamos que más adelante no se repita lo mismo con otra pareja? Desde luego que asumir esto es difícil y lleva un proceso, es decir, hasta cierto punto el estado de victimización es algo normal, pero la cuestión empieza a torcerse cuando permanecemos en ese estado mucho tiempo, sin que haya cambios en nuestra persona. El otro extremo que provoca la victimización es el estancamiento en la comodidad. Esto es lo que en realidad busca quien asume este rol; establecerse en el mínimo esfuerzo es llamativo, particularmente cuando desde ese lugar se puede chantajear a los demás.

En resumidas cuentas podemos decir que una personalidad víctima es aquella que produce o manifiesta de una manera muy viva —de hecho melodramática— sus sentimientos, en particular aquellos como la melancolía o la tristeza. Esto la hace caer con suma facilidad en lo patético, que no es otra cosa que aquello que resulta grotesco y produce pena o vergüenza ajena.

> No son los demás los que nos defraudan, ellos solo actúan de acuerdo a lo que es mejor para sus propios intereses; la falla está en nosotros al victimizarnos porque creemos que la gente debería tratar nuestros propios intereses como si fueran suyos.

La mente domada

Cuando una persona tiene un patrón de creencias determinado enseña a su mente que esa es la única forma de tener cierto control de su entorno. Sin importar si dichos patrones son consecuencia de maneras adecuadas de procesar la información o son automáticos y obsoletos, la respuesta de la persona ante las circunstancias que los disparan se somete a ellos. Y, como ya lo he mencionado, lo hace porque da por hecho que al haberle servido dichas maneras de accionar en etapas o circunstancias previas, serán igual de efectivas en las etapas o circunstancias actuales, esto da como consecuencia que la persona reaccione de forma *automática* recurriendo a esos viejos hábitos. La creencia y la conducta derivada de ella se sigue repitiendo con la esperanza de que funcione como lo hizo anteriormente, lo que termina provocando frustración y sufrimiento. Cuando esto ocurre se dice que la mente ha sido domada por su creencia y se mueve en piloto automático. La mente, que es la herramienta que tendría que asegurarnos la optimización de recursos para un mejor desempeño en la vida, se vuelve perezosa, y lo hace porque se ha acostumbrado, por medio de la repetición, a seguir un solo camino. Ahora bien, ¿se puede revertir este proceso? Sí. ¿Se puede regresar a un patrón de creencias que provoquen pensamientos, y por tanto, conductas más funcionales para la persona en su vida actual?

Sí. ¿Es sencillo esto? No, no lo es. Y es aquí donde la mayoría de las personas abandonan.

Dos de las respuestas más comunes que surgen al inicio de un proceso psicoterapéutico cuando se insinúa la posibilidad de que el paciente tenga una personalidad de este tipo, son la negación y la ira. Desde luego, ante la perspectiva planteada por el psicoterapeuta la persona se aterra, ya que a nadie le gusta escuchar que está en papel de víctima, y mucho menos darse cuenta que es una actitud que ha elegido como medio de chantaje o manipulación. Al recibir esta información, la mayoría de las personas se enfurecen y es posible, incluso, que abandonen la terapia; sin embargo, también es cierto que después de estas fases iniciales ocurre un cambio, apenas perceptible al principio, pero que va cobrando fuerza. Este cambio es el reconocimiento de que probablemente haya un dejo de razón en esta consideración. Si esto sucede, la persona empieza a poner más atención en la elección de pensamientos y conductas, lo cual es un paso fundamental para combatir a la victimización y evitar el nicho de comodidad engañoso, que a la larga, se convierte en un callejón sin salida. Por lo regular, cuando la persona atraviesa por la aceptación posterior a la negación y la ira, termina regresando a sus sesiones psicoterapéuticas.

Una trampa mortal

En todo caso, la actitud de víctima termina por convertirse en una especie de trampa mortal semejante al barro endurecido; esto sucede porque la persona sigue una lógica guiada por *la irresponsabilidad*. Mientras más actitud victimizante se muestre, mayor es la evasión al compromiso hacia lo que le ocurre, sin embargo, la ironía está en que mientras más crece esto último, mayor es el padecimiento interno de la persona. Aun así, la víctima se engaña de forma constante y firme con la creencia de que para estar protegida en su autoestima no debe asumir ningún tipo de interés —salvo para quejarse— en lo que le está sucediendo porque es mejor y más fácil culpar a los demás de su desgracia.

En esta lógica, al escapar de su responsabilidad, la víctima aparentemente logra protección al cobijarse en un lugar que le resulta cómodo, lo que la lleva a tranquilizarse, tal como lo haría un animal que se revuelca en el lodo para encontrar cierto placer en el calor que le agobia. Pero poco a poco, ese lugar en el que se ha colocado empieza a atraparla, a impedir que se mueva, a no permitir su avance, su refugio termina inmovilizándola porque ese fango —que nunca dejó de serlo— se ha convertido en un barro rígido y del cual no hay escapatoria. ¿Por qué sucede? La respuesta es que esto es el resultado de que la persona realice, una y otra vez, la misma operación mental errada pero que termina convenciéndola.

La víctima construye un esquema de *justificación* permanente más o menos de la siguiente forma: "Yo soy inocente de todo porque no soy el culpable de nada, por tanto yo no me he equivocado y como no me he equivocado, entonces yo no he tenido

Figura 5: El flujo de la victimización.

nada que ver con lo que me ha ocurrido, por lo que no tengo nada que hacer al respecto". Dicho proceso —explicado en *El flujo de la victimización* que puedes ver en el esquema— la llena de tranquilidad momentánea y, aparentemente, refuerza su autoestima, pero eventualmente la manda directo a la evasión y a la falta de proactividad. Se podría decir que el precio de su tranquilidad se paga con una falta de efectividad que resulta, a la larga, muy desalentador para su vida.

Sin embargo, y con el tiempo, esta lógica resulta en el mal mayor que aqueja a estas personas: *la falta de protagonismo en sus vidas.* Y esta ausencia de rol protagónico es, en resumidas cuentas, lo que las llena de sufrimiento porque al fin y al cabo, ¿qué clase de existencia puede ser aquella en la que no somos participantes activos de nuestras decisiones, pensamientos, sentimientos o acciones? Una vida llena de amargura, frustración y tristeza. Es casi como si el papel de víctimas nos condujera directamente a volvernos los verdugos, no solamente de los demás —por ejemplo, en relaciones posteriores en donde queremos que nos paguen los platos rotos—, sino, y más dolorosamente, de nosotros mismos.

De víctimas a verdugos

En el inicio de su libro *Víctima de los demás, verdugo de sí mismo,* el psicoterapeuta canadiense Guy Corneau plantea la actitud víctima desde su interesante punto de vista junguiano:

> "Es inevitable, es casi inevitable, que llegue un momento en la vida en que uno no puede más. A veces es consecuencia de circunstancias externas: un divorcio, una quiebra, una enfermedad, un revés en la vida. A veces es algo interno y todo va bien exteriormente.

En cierto modo, podríamos decir que en este segundo caso es peor, porque entonces no se puede ofrecer ninguna excusa para explicar nuestro estado (…). De todos modos, poco importa cómo se produzca: de pronto uno tiene la sensación de que el hilo se ha roto (…). Entonces se tiene la gran tentación de adoptar el papel de víctima y de acusar a los demás, a los padres, a los hijos, al gobierno (…). Sin embargo, en mi opinión, este escollo interior **nos invita a invertir nuestra perspectiva habitual.** Nos revela, en resumidas cuentas, hasta qué punto somos víctimas tan sólo de nosotros mismos. Surge para mostrarnos que nosotros mismos hemos construido los muros de nuestra prisión, para develarnos hasta qué punto traicionamos a la vida que llevamos dentro. Nos sitúa frente a nuestra propia ignorancia de lo que verdaderamente somos".*

Entonces, reconociendo que la actitud víctima, en o posterior a una relación, influye notablemente en la forma de vincularse con terceros, no es de extrañar que haya consecuencias más allá de los límites de la relación que la disparó.

Se tienen muchos indicios de que las personas que han sufrido maltrato físico durante la infancia o que han tenido una dinámica familiar violenta crecen con la tendencia a desarrollar relaciones más inseguras con sus parejas, lo que quiere decir que se afecta directamente el control de sus emociones y usan estas últimas de manera desfavorable para ellos, como es el caso de la victimización. De igual manera, estos adultos suelen asignar un valor negativo o agresivo a las actitudes de los demás, por lo que insisten en ver constantemente sus propósitos como

---

* El resaltado en el texto citado es mío. Guy Corneau, *Víctima de los demás, verdugo de sí mismo.*

malintencionados. El resultado de lo anterior es que traducen los errores comunes de los demás como acciones cuyo objetivo es provocarles daño o, dicho más elementalmente, *se toman todo de forma personal.* El problema con tomarse todo a "tan a pecho" es que es un camino directo al sufrimiento, todo termina por afectar sus vidas. Al ser animales gregarios (que formamos grupos), los seres humanos siempre estaremos influenciados por nuestro entorno, pero una cosa es sentir la influencia de los demás y otra, muy distinta, permitir que eso afecte permanentemente nuestro ser íntimo. Es una cuestión de elección.

¿Cómo entonces empezar a sacudirse esto de la victimización? En primer lugar, como te dije líneas arriba, a pesar de que es probable que algunas de las cosas que nos hicieron en la relación o en la ruptura hayan sido muy dolorosas e, incluso, que fueran hechas con el ánimo de lastimarnos, es importante recordar que sentarnos a lamentarnos como víctimas de una injusticia *no va a cambiar en absoluto lo que sucedió* por la sencilla razón de que ahora está en el pasado y el pasado, tal como decía el griego Agatón, es algo que ni siquiera Dios puede cambiar. Por tanto, se pierde valioso tiempo de aprendizaje y recuperación tomándose las cosas de manera personal. En segundo lugar, es conveniente recordar que el pensamiento victimizador no es en sí mismo lo que es inadecuado, quiero decir, todos nos hemos sentido receptores de injusticias alguna vez, ello forma parte de una emoción y por tanto resulta, muchas veces, inevitable de experimentar. El problema surge en *el grado y el tiempo* dedicado a esa actitud. Es decir, cuánto esfuerzo y tiempo la persona se pasa dedicándole a ello. Si de repente te das cuenta de que posterior al hecho que te hizo sentir así eres incapaz de comenzar a responsabilizarte de las cosas que te corresponden; de que te estancas en una forma de comportamiento lineal y buscas el reforzamiento por parte de los demás, de que eres absolutamente inocente del resultado obtenido, entonces puede haber un problema. Para frenarlo es necesario que te monitorees constantemente con respecto a si tus sentimientos no están solamente encubriendo una carencia o ubicándote en una zona de comodidad que te impide avanzar. Finalmente, y acaso lo más importante, es ideal que trates de responsabilizarte de lo tuyo, sin tapujos, sin maquillajes y aunque duela porque esta es la manera de pasar del pensamiento y la actitud víctima, a la de protagonista de tu propia historia. Para lograrlo, es necesario que asumas el control de tu vida, comenzando por reflexionar sobre ti mismo y así considerar nuevos caminos que te lleven a cambiar tu historia, dejando atrás la debilidad implícita de la víctima. Pero tengo que decirte que para dar este paso debes de estar consciente y asumir que esta nueva forma de ver las cosas te obligará a perder tu pretendida "inocencia", así que más vale que te arropes de humildad.

Aquí te conviene recordar una máxima indiscutible en cuestiones de recuperación emocional: *sentirte culpable no es lo mismo que asumir responsabilidad en lo ocurrido.* La primera te lleva a hundirte en la no acción y convertir la victimización en rutina, mientras que la segunda conlleva una toma de conciencia, evaluación y rectificación durante el proceso. Un ejemplo de una situación enfocada desde la culpa sería algo así: "Claro, ¿qué esperaba? Si yo permití que me tratará de esa forma, siempre tirándome a sus pies; me lo merezco por entregarme tanto, ¡nunca volveré a confiar en otro hombre!" En este caso, la culpa es la catalizadora de la actitud de víctima porque al sentir culpabilidad en automático, se asume que se hizo algo malo o terrible, algo que prácticamente no tiene solución y que nos vuelve una persona inadecuada, dando como resultado un pensamiento mutilador: "¡Nunca volveré a confiar!" En cambio, una persona que asume su responsabilidad por lo ocurrido hilvanaría una conclusión más o menos del siguiente modo: "Sí, acepto que me equivoqué en la forma en que enfoqué la relación, es probable que, en algunos casos, mi elección en la manera de relacionarme con él no haya sido la adecuada; pero, bueno, las parejas no vienen con instrucciones, esto me servirá para aprender a no cometer los mismos errores en mi siguiente relación". ¿Puedes notar la diferencia? No se culpa, no cree que es "mala" persona, sino que se acepta (ahí está la clave) que es un ser humano falible y no hay por qué castigarse por ello, pero tal vez, lo más importante: se da la oportunidad de tener esperanza de que podrá aprender de esto para sacarle provecho para su vida, es decir, cultiva y alienta la automotivación y el pensamiento proactivo, lo que la vuelve la protagonista de su propia existencia. Mientras que la primera se muestra renuente a aceptar, la segunda entiende la importancia de la aceptación de que ella formó parte del asunto y, por tanto, influyó en el resultado. Simple y llana humildad para crecer. ¿Cuál eres tú? ¿Cuál *quieres* ser? Ahora, elige.

USANDO TU RADAR

Identifica las señales más claras de una actitud víctima:

- Cuando aceptas una creencia en donde te etiquetas a ti mismo como el centro de todos los ataques y agresiones que hay en una relación.

- Cuando, como resultado de esos ataques, te sitúas en la inactividad física o emocional que te impide hacerte cargo de ti mismo.

- Producto de ello buscas la conmiseración de los demás y, cuando no lo logras, te enfadas o redoblas el chantaje para seguir apareciendo como la víctima.

- Cuando sientes que no avanzas aunque "intentas" salir de esa situación, es probable que sigas en el camino de víctima.

Cinco recomendaciones importantes

Recuerda que:

1. **No tomarse las cosas personales** ayuda de sobremanera para evitar la actitud víctima. Aceptar que no todo tiene que ver con uno mismo es saludable.

2. Entender que, nos gusten o no, todos tienen motivos para hacer lo que hacen, y que en algunos casos saldremos perjudicados por ello, pero que **eso no nos invalida como seres humanos.** Esta es una buena herramienta para evitar la victimización.

3. Quejarte, quejarte y quejarte no va a solucionar nada, al contrario, es bastante probable que la situación se complique más. Quejarse y accionar en proporciones adecuadas crea el sano equilibrio para salir adelante. **Dale el valor exacto a cada cosa.**

4. **Cuidado con la culpa, no la uses como sinónimo de responsabilidad.** La primera proviene de la inmadurez, mientras que la segunda es el camino, difícil pero necesario, para crecer.

5. Hay que ser humildes. No somos tan importantes para todo el mundo y unas buenas sacudidas, de vez en cuando, son necesarias para recordarnos que **nadie vendrá a resolver nuestra vida por nosotros.**

8. EL MITO ARRAIGADO:

AMAR A LA PAREJA INCONDICIONALMENTE

"Mito: persona o cosa a las que se atribuyen cualidades o excelencias que no tienen, o bien una realidad de la que carecen"
DICCIONARIO DE LA REAL ACADEMIA ESPAÑOLA

Hace algún tiempo pensaba en una frase que no dejaba de dar vueltas en mi cabeza: "El amor lo puede todo". Cada uno de nosotros se ha topado con ella —de una u otra forma—. Padres, maestros, guías religiosos y, en general, las personas mayores solían decirnos que si nuestro amor era "real" superaría cualquier barrera u obstáculo que se atravesara en su camino. Y esto en parte es verdad, pero desafortunadamente lo es refiriéndose al amor como virtud y fortaleza, más que como hecho concreto. Las páginas de los libros están llenas de historias en donde el amor termina imponiéndose, particularmente con respecto a aspectos espirituales y de fe.

No obstante, en cuanto a la concepción del amor romántico, esta frase ha cruzado un límite muy peligroso y es que, auspiciadas bajo "el amor lo puede todo", se han cobijado un sinnúmero de actitudes, creencias y conductas que han terminado distorsionando de tal forma esta máxima, que la han vuelto un "el amor lo *aguanta* todo", como si de un gemelo oscuro y malévolo con el que hay que vérselas se tratara. Porque por donde se le vea hay un abismo de diferencia entre los verbos "poder" y "aguantar". El primero habla de voluntad, de resiliencia, de valentía, mientras que el segundo se refiere a pesadumbre, martirio y hasta humillación.

Una de las características intrínsecas del amor romántico es su capacidad para hacernos creer cosas más allá de la realidad, y que bajo otras circunstancias, seguramente nos cuestionaríamos de manera más detallada y profunda. El carácter de los amantes se ve trastocado, en gran medida, por la aceptación de creencias antiquísimas. Una de las más comunes es que mientras más desmedido, unilateral y permanente el amor sea entregado a la pareja, el sentimiento es más genuino. Si se pide algo o si tan solo se espera una cosa a cambio, se cree que ese amor es falso y su dador, egoísta. Por lo que el sacrificio o la traición a sí mismo, en aras de la relación, se ve casi como una virtud. El problema es que esta romántica idea es absolutamente errada.

Si bien es cierto que, al encontrarnos en pareja, uno de los cánones tácitamente establecidos y que cualquier persona que haya estado en amor lo ha experimentado, es que tendemos a dar mucho más cariño —al menos en principio— a ese determinado ser, que a nuestros otros vínculos interpersonales (familia, amigos, compañeros de trabajo), también es verdad que muchas veces esas ciertas formas de desarrollar la relación, como la codependencia o la manipulación, por mencionar un par, pueden cruzar rápidamente los límites de lo aceptable y emocionalmente sano.

El mito del amor incondicional, básicamente se refiere a que *sin importar lo que hagamos o cualesquiera que sean las circunstancias que enfrentemos, vamos a recibir o a dar todo el amor* y que la pareja —ya seamos nosotros o el otro— siempre estará a la entera disposición de su contraparte. Un auténtico suicidio emocional. Y es un suicidio porque al pensar de esta forma lo que estamos haciendo es empeñando nuestra autonomía en favor de una expectativa nada realista, porque lo cierto es que solo sabremos cómo vamos a actuar bajo determinadas circunstancias hasta que nos encontremos en la situación en sí. Adelantarnos y asegurar que haremos tal o cual cosa en dicha circunstancia es engañarnos y engañar al otro. Cuando sea el momento de cumplir nos veremos atrapados entre lo que dijimos que haríamos o sentiríamos, y lo que en realidad estamos dispuestos a llevar a cabo en ese momento.

De cierta manera, probablemente el único amor incondicional que hay es el de la madre hacia sus hijos, e incluso esta misma tesis está sujeta a juicio con base en los muchos casos que hay de mujeres, como si de modernas Medeas se tratasen, que asesinan a sus vástagos.* Por otro lado, el cariño de los hijos hacia los padres está casi siempre condicionado a que se les quiera, se les proteja o se les guíe. Si no obtienen esto, difícilmente se podrá establecer una relación de amor profundo y arraigado. ¿Cuántos hijos no rechazan e incluso odian a sus padres al no haber encontrado un vínculo de cariño en ellos? Los consultorios de psicoterapia están repletos de estos casos, sin importar la ubicación geográfica o la cultura. Por lo tanto, la incondicionalidad en las relaciones es una elección, no un hecho absoluto, y no tiene que cumplirse forzosamente, es uno quien decide si su amor se mueve bajo esos términos o no.

---

* En la mitología griega, Medea era una sacerdotisa de Hécate, la diosa de la hechicería, por lo que se le considera a ella misma como una bruja. Se enamoró profundamente de Jasón, quien era el líder de los argonautas, los marineros que lo acompañaban en su búsqueda del vellocino de oro. Después de ser unidos por Eros, Jasón y Medea caen en un amor profundo y esta última renuncia a todo por él, siguiéndolo a los confines del mundo. Sin embargo, más adelante Jasón abandona a Medea para casarse con otra mujer, la princesa Glauca, a la cual Medea, haciendo uso de sus dotes de hechicera, asesina antes de la boda. Posteriormente y con el objetivo explícito de hacer el mayor daño posible a Jasón, mata con sus propias manos a los dos hijos que habían procreado juntos.

La parábola de la pastelería

Te voy a contar una pequeña historia: imagina que siempre has tenido un sueño, una idea que se ha permeado hasta tus huesos y de la cual tienes la absoluta certeza de que funcionará. Tu máximo ideal siempre ha sido tener una pastelería. Pero no cualquier pastelería, sino la mejor de la ciudad. Por lo que toda tu vida te has preparado para ello, y ahora es momento de poner en práctica ese proyecto. Tienes ahorrado mucho dinero y planeas usarlo todo para poner tu pastelería. Por tanto, buscas el mejor local, el más bonito y el que te atraiga más. No escatimas en el costo porque, al fin y al cabo, tienes mucho para invertir, ¿no es así? Entonces encuentras un lugar que te gusta y pagas el primer mes de renta, con una gran cantidad; es mucho pero vale la pena, te dices. Después te gastas otros miles en comprar los mejores utensilios de repostería, los ingredientes de mayor calidad, el mobiliario más llamativo y desde luego, un enorme anuncio de neón en que se lea: MI PASTELERÍA. Para rematar tu sueño, contratas al mejor repostero del mercado, al cual le pagas un sueldo estratosférico. Todo está listo. Finalmente te sientas a esperar la inauguración de tu negocio, saboreando anticipadamente la enorme cantidad de dinero que ganarás debido a la inversión inmensa que has realizado. Porque te lo mereces, ¿no es cierto?

Llega la inauguración y todo parece marchar viento en popa. Tú eres quien atiendes el negocio, así que te levantas a las cinco de la mañana para abrir, y cierras a las nueve de la noche, de lunes a domingo. Estás dando todo lo que tienes para que tu sueño se logre. Al llegar a fin de mes, te sientas a hacer corte de caja y te percatas de que pese a tus esfuerzos, algo no anda bien. Las cifras arrojadas no concuerdan con las cifras invertidas. Tu ganancia al final del primer mes es escasa. Te preguntas cómo puede ser posible si invertiste miles, que ganes esto. Sin embargo piensas que así son los negocios, quiero decir, a fin de cuentas así es como siempre te dijeron que sucedía y tú lo creíste, ¿verdad?

Entonces redoblas esfuerzos, piensas que seguramente fallaste en algo, que alguna cosa que hiciste no fue correcta o estuvo incompleta, por lo que tienes que dar aún más. Contratas a dos pasteleros extra, mandas a pintar el local con colores más llamativos y amplías una sala para que quepan más charolas de postres. Te gastas mucho más de lo habías gastado antes, lo cual no importa porque tienes dinero de sobra, o al menos eso crees. "Ahora sí —te dices— es momento de obtener lo que merezco por tan noble inversión", así que te sientas a esperar la gran recompensa que te has ganado por tu trabajo. Al final del segundo mes tus ganancias son tan ridículas que ni te molestas en contarlas. Te das cuenta con alarma de que en lugar de ir ganando cada vez más, tus ingresos decrecen. Y no solamente lo que ganas es lo preocupante, sino que la pastelería que soñaste con que fuera la mejor de la ciudad, da muestras de ser un negocio promedio en cuanto a su prestigio, número de clientes y calidad. Algo no funciona bien. Con todo no te vences e inviertes de nueva cuenta el resto de tus ahorros, solamente para darte cuenta, con terror, que al finalizar el tercer mes no obtuviste ganancia alguna. "¿Cómo es posible —te preguntas con decepción y amargura—, *que me pase esto a mi* si he dado de manera incondicional todo lo que tengo a este negocio? ¿No *debería* de recibir lo mismo que he invertido?"

Aquí finaliza la historia y te hago las siguientes preguntas a ti que estás leyendo esto: si este cuento fuera cierto, si realmente te ocurriera, ¿seguirías invirtiendo en tu pastelería aun sin ganancias? ¿Por mucho que creas que así *debe* ser? Te apuesto a que la respuesta es un contundente no. Entonces, ¿por qué inviertes amor de forma incondicional incluso si recibes muy poco o nada a cambio? ¿Cuál es la razón de que sigas metiendo dinero emocional a un negocio que, a todas luces, es un mal negocio?

El gran peligro de creer sin chistar en el amor incondicional de la pareja, es que pese a toda nuestra ignorancia o buenas intenciones (que en muchos casos son lo mismo), se manda el siguiente mensaje: "Sin importar lo que me hagas o te haga, sin importar que ello sea perverso, insano o disfuncional, sin importar mi sacrificio o el tuyo, si con eso tú o yo obtenemos algún placer o gratificación estará bien". *Y no está bien.* No puede estarlo porque desde la concepción de la idea hay una falla en el autorespeto. Nota que no usé la palabra bienestar, que quiere decir que la persona se encuentra en un estado o situación de felicidad; utilicé la palabra placer, que no es otra cosa que un mero gusto o sensación agradable pero pasajera. La diferencia está en lo efímero de una circunstancia con respecto a la otra. Por medio del amor incondicional, ninguna de las partes obtiene un sentimiento de felicidad porque la balanza está desequilibrada, es decir, no hay pareja, y al no haberla, a lo más que se puede aspirar es a un placer fútil, vano y engañoso.

> Deja de engañarte y acepta que toda relación —particularmente las de pareja—, son un negocio: hay una inversión y se espera una retribución. Hay malos y buenos negocios, tanto como relaciones adecuadas e inadecuadas, lo que las convierte en unas o en otras, es el equilibrio que se mantiene entre el intercambio de dar y recibir.

Un buen amor siempre es condicionado

Pero ¿por qué creer en esta idea de dar desmesurada e ilimitadamente sin esperar nada a cambio en una relación? ¿En realidad no buscamos obtener ningún beneficio? Los defensores acérrimos de la incondicionalidad dirán que no, que lo único que se busca es la gratificación que da el placer de darse al otro o a la relación, pero incluso en esta manera de pensar tan "desinteresada" ya se está esperando recibir algo: la satisfacción personal que se genera a partir de la satisfacción ajena. Lo cierto es que desde el origen, el amor "incondicional" lleva en sí una incongruencia, porque al dar de esta manera buscamos que nuestra pareja considere, en algún nivel, nuestra acción y aunque no necesariamente tiene que ser una reciprocidad de amor, cariño o algún otro elemento romántico, sí esperamos secretamente ser reconocidos por la inmensidad de nuestro amor y, automáticamente, eso hace que ya no sea incondicional. Para evitar, entonces, confusiones, quiero ser sumamente claro en este punto: *un buen amor de pareja siempre es condicionado.* Tal vez justo en estos momentos esté rompiendo tu corazón, incluso es probable que te resistas a aceptar una afirmación así, pero antes de que arrojes el libro al fuego déjame intentar explicarme mejor.

El filósofo inglés Simon May, en su libro *Love: A History*, contribuye grandemente al entendimiento de esta cuestión. May dictamina de una forma muy interesante la cuestión del amor romántico: él sostiene que para que el amor exista, la persona que ama debe tener la clara sensación de que su pareja le otorga, mediante la relación, un cimiento firme para su misma existencia, o al menos una promesa de ello. Es decir, cuando el otro le puede dar la sensación de pertenencia a algo más grande que a sí mismo o de una validez existencial superior a la que encuentra solo, entonces el amante se deja ir en los brazos del amado y, aunque esta creencia no es necesariamente positiva, termina apareciendo. Es aquí en donde surge el problema con respecto a la condicionalidad de este cariño: *cuando el amante percibe que el amado ya no es el cimiento que era o prometía ser, el amor acaba.* Entonces, desde el punto de vista de May (al que secundo), es indudable que el amor romántico está condicionado a la concreción de ciertas expectativas. Cuando estas no se cumplen, las personas empiezan a mostrar desinterés por la relación, y es algo completamente natural.

Uno de los grandes obstáculos para aceptar que el amor romántico no es incondicional es la creencia con respecto a la relación entre interés y egoísmo. Desde pequeños se nos intenta hacer creer que si esperamos obtener algo a cambio de lo que damos en una relación significa que no estamos siendo sinceros y que, por tanto, nuestra entrega a la misma es falsa. Y no hay nada más alejado de la realidad. Esta manera de pensar proviene de la antigua tradición cristiana referente a la virtud, en donde se considera egoísta el interés por uno mismo. Sin embargo, esta es un arma de dos filos porque una persona que no mantenga la atención sobre ella no podrá desarrollar adecuadamente la inteligencia emocional que se necesita para establecer relaciones de pareja y familiares sanas. Cuando creemos que si esperamos algo a cambio estamos siendo falsos, en realidad lo que estamos "comprando" es la creencia de que somos malos, y si nos sentimos así entonces caemos en la culpa, la cual es la señal que indica a otros que pueden manipularnos fácilmente; es decir, si no defendemos a capa y espada que también existe la posibilidad de que podemos pensar antes que nadie en nosotros mismos, difícilmente podremos defendernos de la manipulación; aquí entra en juego la creencia de dar amor incondicional a la pareja. ¿Puedes notar como todos los factores de los que hemos estado hablando están más o menos conectados?

Una de las mejores formas para romper con un estadio de amor incondicional nada favorecedor es la aplicación del *Círculo del bienestar en el amor*, que consiste en entender que la calidad del amor del otro —en sí mismo y el que nos puede prodigar—, no depende, en esencia, de nuestra injerencia en su vida tanto como de él mismo, y por consecuencia, tampoco en nuestra vida el amor depende de la intervención incondicional del otro. En la siguiente figura te puede quedar más claro, ya que Ilustra la estructura mental que te aleja de la idea de la "incondicionalidad" de un buen amor.

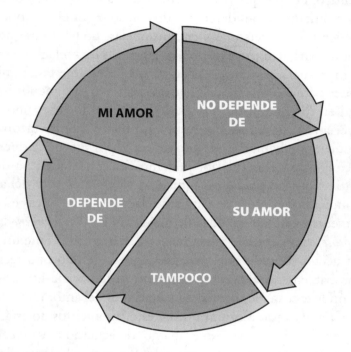

Figura 6: El círculo del bienestar en el amor.

Nadie ama para siempre

Las ideas de la permanencia y de la inmutabilidad en el amor romántico —que en sí mismas son una especie de aberración porque lo cierto es que en la vida nada permanece inalterable—

están ligadas estrechamente a la creencia de que el "dar todo" sin esperar nada en retribución garantizará *per se* que dicho sentimiento permanezca inalterable con el paso del tiempo, pero en realidad esto no es así por una sencilla razón: **el amor es esporádico.** Lo que quiere decir que se encuentra por episodios, y esos momentos están determinados no solo por el tiempo, sino también por las personas y circunstancias. Lo cierto es que nadie ama para siempre a su pareja. Hasta en una relación estable y comprometida se puede estar, pero a veces no estar. También se puede amar a una misma persona con mayor o menor intensidad en diferentes momentos de la vida o, incluso, podemos volver a amar, después de un tiempo relativamente razonable, a alguien que habíamos dejado de ver y, por tanto, de querer.

Con base en lo anterior podemos imaginar que una de las mentiras más aceptadas por quien ha tomado el mito del amor incondicional como base para sus relaciones románticas es, precisamente, aferrarse a la idea de que el amor *debe permanecer inalterable* para siempre. Y esta máxima se derrumba ante un sencillo hecho. Te pido que recuerdes aquella relación no reciente —probablemente de la universidad o tu temprana juventud— en donde te sostenías firmemente en la idea del amor incondicional. Casi te puedo asegurar que en estos momentos no estás con esa persona, ¿no es así? Sin embargo, de acuerdo a esa creencia, *tendrías* que estar con ella, ¿verdad? ¿Por qué falló la predicción de que si amabas incondicionalmente al otro este te amaría igual y estarían juntos por la eternidad? La respuesta es que, por más esfuerzo que hagamos, o sin importar que tanto lo deseemos, simplemente no podemos ir en contra de la realidad, ya que esta posee sus propias reglas. Y, desde luego, dichas reglas escapan de nuestro control. Una de ellas es que el amor no es constante, tiene fluctuaciones, sube, baja o desaparece si se dan las circunstancias adecuadas y llega el momento de que así sea. Y que te entregues ciegamente no cambiará eso.

El problema de las personas que se niegan a aceptar esta idea es que caen en una suerte de mundo paralelo, en donde sus propias reglas *deberían* imponerse a las de la realidad en la que viven. Esta manera de pensar y, por tanto de actuar, es propia de los niños pequeños, que privilegian el placer de lo que desean por encima de lo que es mejor para ellos; una persona adulta que se mantiene en la misma dinámica está manteniéndose en una especie de involución emocional. Este infantilismo cognitivo o pensar como niños la lleva a creer que, al igual que un pequeño, si se porta bien, si hace lo que se les pide, si obedece y cumple con sus tareas, será más amado. La traducción adulta de esto es la entrega desproporcionada sin considerar que, en la inmensa mayoría de las veces, la otra persona no está en el mismo canal. Si en un niño el despliegue del amor incondicional se vuelve una manera de acceder al cariño de los padres y de esta manera subsistir adecuadamente, en el adulto esto se vuelve un grillete en el cuello que le otorga la calidad de esclavo. Y, créeme, los demás se van a tratar de aprovechar de tu esclavitud autoimpuesta.

¿Qué hacer entonces? Desde luego, empezar a sacudirte la idea del amor incondicional en pareja es un buen comienzo, pero no es algo que por sí solo alcance. En realidad, uno de los remedios más eficaces es uno de los más reacios a aceptarse: practicar el amor propio por encima de los demás o, lo que llaman algunos entre susurros y con estigma, egoísmo. Como vimos líneas arriba, el problema con el egoísmo no es este en sí, sino la idea errónea que se tiene de ello. Mientras no seas capaz de hacer tuya la frase: "Solamente yo soy el verdadero amor de mi vida",* y aplicarla de forma contundente y sin culpa, será

---

* Para saber acerca más de esta frase y su aplicación práctica, te recomiendo visitar mi videoblog en Youtube: Vicente Herrera-Gayosso. La frase tiene derechos de autor.

difícil que lidies adecuadamente con los peligros latentes del amor incondicional en pareja.

Los peligros latentes

Para finalizar, es conveniente recordarte cuáles son los riesgos de tener este tipo de creencias. Considero que hay tres desventajas elementales, una de las más evidentes es la de estancarse en la idealización del otro, de tal forma que aprovechando el cariño ciego e irrefrenable que prodigas a tu pareja, esta te haga creer cosas que no son reales, por ejemplo, que no puede subsistir sin ese amor inmenso que sale de ti, lo que te lleva a redoblar tus esfuerzos en lo ilimitado de tus cuidados, aunque ya te hayas hartado o te des cuenta de que no recibes algo similar; la segunda desventaja es que empiecen a anular tu personalidad por medio de exigencias cada vez mayores con respecto a lo que necesitan recibir para estar a gusto en la relación, es decir, tu pareja puede tratar de presionarte para que le des "su cuota diaria" de amor, y si no alcanzas ese nivel al que la acostumbraste, puede tratar de manipularte para que lo hagas. Esto causaría que te sientas obligado a cumplir con expectativas que tal vez ya no deseas mantener y, por tanto, seguir llevando a cabo ciertas conductas, con su consecuente molestia, amargura o frustración; la tercera, tal vez la más recurrente, es que al creer que tienes que amar incondicionalmente le apuestas todo a alguien que en realidad aun no te ha demostrado nada, porque al dar sin tapujos "premias" anticipadamente a la persona sin que esta necesariamente se haya hecho merecedora de ello, y como a todos nos gusta recibir mucho esforzándonos lo menos posible —por pura condición humana—, se aplica la *ley del mínimo esfuerzo emocional,* muy peligrosa para una sana convivencia de pareja. En cualquiera de las tres situaciones mencionadas, le proporcionas a tu pareja un nicho de comodidad del cual será difícil sacarla.

Lo que más nos puede ayudar para sacudirnos los riesgos vinculados a la idea del amor romántico incondicional, es recordar una verdad que es preciso aplicar de forma permanente a lo largo de la vida: cuando se actúa guiado por la idea anterior, lo que hacemos es olvidarnos de que *aprender a recibir amor es tan importante para nuestra salud emocional como aprender a darlo.* Al estancarnos en la creencia del amor incondicional lo que provocamos es que seamos incapaces de aceptar que también nosotros necesitamos ser depositarios de amor y cuidados prodigados por nuestra pareja y, por consecuencia, no aprendemos las maneras adecuadas para pedir, perseguir y, en ocasiones, exigir su cumplimiento por parte del otro, lo cual es una parte vital para el sano desarrollo psíquico y emocional de cada persona. Si logramos entender esto, entonces podremos aceptar que una relación se basa en un intercambio de amor de manera similar entre una y otra parte, para así mantener el equilibrio en la relación.

USANDO TU RADAR

Ahora reconoce las señales más claras de una actitud tendiente al amor incondicional:

- Se acepta la idea de que para que haya más amor se requiere de "entrega total" y si no es así es que no hay amor o es un amor hipócrita.

- Como resultado de ese pensamiento, la actitud puede ser de servilismo, por un lado, o de tiranía y exigencias por el otro, todo en torno a la acción de otorgar amor.

> • La persona tiene una imposibilidad para reconocer y aceptar el estado esporádico del amor y eso le hace ir en contra de la realidad.
>
> • Se le da un sentido casi heroico al sacrificio desinteresado por el otro, desconociendo que se está yendo a un callejón sin salida.

Cinco recomendaciones importantes

Recuerda que:

1. **No existe tal cosa como el amor incondicional en la pareja.** Nadie está obligado a "darse" por completo sin esperar nada a cambio. Cuando exijas o te exijan algo así, el camino se ha torcido y es mejor enderezarlo pronto.

2. No te engañes, **todo amor de pareja basado en el mito del amor incondicional es un mal negocio.** Al elegir esa actitud vas a terminar invirtiendo mucho más, en comparación con las ganancias que obtendrás.

3. Contrario a lo que te enseñaron en etapas tempranas de tu vida e independientemente de tus ideas religiosas, lo cierto es que **un buen amor siempre estará lleno de interés.** No te sientas mal de tomar esa actitud, pero siempre en su justa medida.

4. **Sacúdete de una buena vez la relación egoísmo-maldad.** Recuerda que existe un tipo de egoísmo que es, incluso, sano para la persona que lo ejerce, y es aquél que se da desde la honestidad hacia uno mismo.

5. **Nadie ama para siempre** y, en el mejor de los casos, no se ama igual permanentemente. El amor tiene fluctuaciones, así son sus reglas. La creencia del amor incondicional te hace ir en contra de esas reglas y, por tanto, sufrir. Fluye tú también.

Epílogo

"El amor es una cosa esplendorosa" reza el título de una película muy famosa de 1955 y es cierto, innegablemente así es. El amor es el motor de la historia del hombre y ha hecho que se alcancen los más grandes logros. Es el sentimiento más sublime de cuantos se puedan experimentar y, ciertamente, casi todas las personas deseamos ansiosamente vivirlo. Sin embargo, como vimos a lo largo de estas páginas, también es capaz de confundirnos, de hacernos padecer, e incluso, de provocar los atentados más increíbles contra nuestro propio ser.

Lo cierto es que no todas las personas o relaciones son inadecuadas por sí mismas, sino que se convierten en algo fallido dependiendo del enfoque y la importancia que les damos. A final de cuentas, cada situación puede ser elegida o no, de acuerdo a la voluntad individual. Actualmente, a nadie (salvo en algunas peculiares tradiciones) se le obliga a estar *explícitamente* con alguien en una relación romántica. Pero si esa persona siente la obligación de estar en tal o cual situación, ya sea por presión familiar o social, es otro boleto. Si decides comprar la idea de que tienes que estar en pareja para que valgas más o para ser aceptado, es una cuestión tuya y como tal, te corresponde a ti resolver sus consecuencias.

Es muy importante recordar que hay dos vertientes clave para que una relación inadecuada o insana aparezca: **elegir pareja de acuerdo a factores de presión o elegirla de acuerdo a carencias personales.** En cualquiera de ambos casos, considero que la protección está en el conocimiento. Conocimiento personal, conocimiento de las demás personas y, particularmente, conocimiento de la forma en que las relaciones insanas se desarrollan. Con ese conocimiento puedes tomar decisiones con respecto a tu propia experiencia y actuar en consecuencia. Y eso es lo que he intentado hacerte ver en estas páginas.

Desde luego que poner en práctica este nuevo conocimiento no es algo sencillo, ni se va a dar de la noche a la mañana; pero aun así, y sin importar que tan inmerso te encuentres en una relación tóxica o si estuviste en una y no deseas repetirla, la buena noticia es que todos podemos tornar esa experiencia en aprendizaje y darle un significado distinto para nuestro beneficio y el de nuestras parejas.

Las cinco máximas que te ayudarán a salir adelante a partir de un nuevo significado son:

- No te culpes, lo hecho, hecho está y no puede deshacerse.

- Elige lo que te conviene y no solamente lo que te da placer.

- Cualquier relación que atenta contra lo que eres, no es una relación, sino una condición de esclavitud.

- Amar es una experiencia individual, así que tú decides a quien le das tu amor.

- Tú estás por encima de todo y eso no te hace, necesariamente, un ser malo y egoísta.

En la medida en que te concentres en lo que aquí has aprendido y en estas máximas, te aseguro que poco a poco, tus pensamientos, sentimientos y conductas con respecto a tus relaciones se irán acomodando para que sean más profundas, fructíferas y sólidas.

Eso sí, te advierto que habrá un cambio, un cambio intenso que al principio te puede parecer confuso, pero el cual, si le das el tiempo suficiente, terminará por mostrarte quien eres verdaderamente. Sin importar lo que los demás digan o intenten hacerte sentir, es indispensable que te mantengas fiel a este nuevo tú y sigas adelante con la cabeza en alto y la mirada al frente. Solamente entonces lograrás la libertad. Solamente entonces podrás navegar ese nuevo y misterioso océano que se extiende delante de ti.

Así que, ¡vamos, marinero! ¡Vamos, capitán!

Vicente Herrera-Gayosso

BIBLIOGRAFÍA

Bertelli, María Cristina. *Violencia familiar... liberarse es posible*. La imprenta Win. Buenos Aires. 2012.

Butcher, Jacqueline. El arte de dar. Schluter, Hanne y Acévez, Luis (comps.). *Prometeo: Fuego: para el propio conocimiento*. Universidad Iberoamericana. Núm. 17. 1997.

Branden, Nathaniel. *Los seis pilares de la autoestima*. Paidós Ibérica. Barcelona. 2003.

Corneau, Guy. *Víctima de los demás, verdugo de sí mismo*. Kairós. Barcelona. 2006.

Dresel, Walter. *Yo te manipulo, y tú ¿qué haces?* Norma. Bogotá. 2009.

Forward, Susan; Frazier Donna. *Chantaje emocional*. Diana. México. 2003.

Freud, Sigmund. *Introducción al narcisismo y otros ensayos*. Alianza Editorial. Madrid. 2005.

Fromm, Erich. *El arte de amar*. Paidós. Barcelona. 2007.

González Vera, Rubén. *La revolución de la pareja*. Mina-Estrella. México. 1998.

Herrera-Gayosso, Vicente. *Supera tu divorcio ¡Ya!* Pax México. 2016.

Kirshenbaum, Mira. *Si nos queremos tanto, por qué estamos tan mal*. Atlántida. Buenos Aires. 1998.

May, Simon. *Love: A History*. Yale University Press. New Haven. 2012.

Menéndez, Isabel. *La construcción del amor*. Espasa Libros. Barcelona. 2010.

Michelena, Mariela. *Mujeres malqueridas: atadas a relaciones destructivas y sin futuro*. La Esfera de los Libros. Madrid. 2007.

Orlandini Alberto; Orlandini, Andrea. *Diccionario del sexo, el erotismo y el amor.* Valleta Ediciones. Buenos Aires. 2012.

Osteen, Joel. *Su mejor vida ahora.* Casa Creación. Miami. 2005.

Peele, Stanton; Brodsky, Archie. *Love and addiction.* NAL-Dutton. Nueva York. 1987.

Perel, Esther. *Inteligencia erótica.* Diana. México. 2007.

Riso, Walter. *¿Amar o depender?* Norma. Bogotá. 2008.

Riso, Walter. *Manual para no morir de amor.* Norma. Bogotá. 2010.

Rojas, Enrique. *Los lenguajes del deseo.* Planeta. México. 2009.

Rojas Marcos, Luis. *La autoestima.* Espasa Calpe. Madrid. 2009.

Tennov, Dorothy. *Love and limerence: the experience of being in love.* Scarborough House. Londres. 1998.

ACERCA DEL AUTOR

Vicente Herrera-Gayosso es psicólogo, videobloguero, orador motivacional y autor. Es miembro activo de la Sociedad Mexicana de Psicología.

Como conferencista recorre el país impartiendo talleres acerca de la superación de la pérdida, la creatividad como pilar del éxito, el liderazgo resonante, las técnicas para salir adelante tras la ruptura amorosa y de inteligencia emocional como predictor del éxito en la vida.

Como escritor colabora regularmente para diversos sitios electrónicos como *suitsync* y *psicocode.com*. Tiene en su haber casi un centenar de artículos relacionados a la psicología y el desarrollo humano.

Como autor ha escrito dos libros: *Supera el divorcio ¡YA!* y *Pequeño manual para un corazón roto*.

Es el creador del videoblog "Supera el Divorcio Ya", en YouTube, el canal cuenta con más de mil reproducciones al día.

Tiene su programa de radio por Internet llamado *Platicando*, en donde trata temas del amor, el divorcio y la pareja.

Esta obra se terminó de imprimir
en noviembre de 2016, en los Talleres de

IREMA, S.A. de C.V.
Oculistas No. 43, Col. Sifón
09400, Iztapalapa, D.F.